suhrkamp taschenbuch 328

George Bernard Shaw, geboren am 26. Juli 1856 in Dublin, ist am 2. November 1950 in Ayot St. Lawrence/Hertfordshire gestorben. 1926 wurde er mit dem Nobelpreis ausgezeichnet.

Dieser ursprünglich als Vorrede zu Shaws Lustspiel *Heiraten* konzipierte Text ist eine witzige und systematische Aufrechnung aller Vor- und Nachteile der Ehe. An der Praxis erprobt der Autor das Selbstverständnis dieser Institution, die stillschweigend die Besitzergreifung eines anderen Menschen voraussetzt. Insbesondere die Emanzipation der Frau findet hier einen ihrer energischsten und geistreichsten Fürsprecher. Ein früher Verfechter der Großfamilie oder Kommune, hat Shaw als die wichtigste Funktion häuslichen Zusammenlebens das Einüben der demokratischen Realität erkannt. Er hat damit viele inzwischen als selbstverständlich anerkannte Thesen der modernen Soziologie und Psychologie vorweggenommen.

Der »Aufstand« gegen die Ehe ist keine Anklage der Sache selbst, sondern lediglich ihrer Umstände und oft menschenunwürdigen Bedingungen. Erst »wenn die Ehe nicht dazu gebracht werden kann, etwas Besseres hervorzubringen als das, was wir sind, wird sie abtreten müssen«.

Bernard Shaw
Der Aufstand gegen
die Ehe

Suhrkamp

»Der Aufstand gegen die Ehe« ist die Vorrede zu Shaws 1908 er-
schienenem Stück »Getting married« (Heiraten)
(aus: Vorreden zu den Stücken II, Suhrkamp Verlag 1953)
Autorisierte deutsche Übersetzung von Siegfried Trebitsch

suhrkamp taschenbuch 328
Copyright dieser Ausgabe Suhrkamp Verlag
Frankfurt am Main 1972
Suhrkamp Taschenbuch Verlag
Alle Rechte vorbehalten, insbesondere das des
öffentlichen Vortrags, der Übertragung durch
Rundfunk oder Fernsehen und der Übersetzung,
auch einzelner Teile.
Druck: Ebner, Ulm · Printed in Germany
Umschlag nach Entwürfen
von Willy Fleckhaus und Rolf Staudt

Inhalt

Der Aufstand gegen
die Ehe

Über kein Thema wird mehr gefährlicher Unsinn geredet und gedacht als über die Ehe. Wenn sich der Unfug auf Reden und Denken beschränkte, wäre es schon schlimm genug, aber er geht weiter und übt eine verheerend anarchische Wirkung aus. Weil unsere Ehegesetzgebung so unmenschlich und widersinnig ist, daß man sie geradezu verabscheuen muß, gehen die kühneren und rebellischen Geister illegitime Verhältnisse ein und versenden herausfordernde Anzeigen an ihre Freunde, in denen sie verkünden, was sie getan haben. Junge Frauen kommen zu mir und fragen mich, ob ich der Ansicht sei, daß sie in die Heirat mit dem Mann, mit dem zu leben sie sich entschlossen haben, einwilligen sollten; und sie sind sprachlos und bestürzt, wenn ich, der ich (Gott weiß wieso) den Ruf genieße, über dieses Thema jeweils die fortschrittlichsten Ansichten zu haben, in sie dringe, sich auf keinen Fall zu kompromittieren ohne die Sicherheit eines authentischen Eheringes. Sie führen das Beispiel George Eliots an, die ein illegitimes Verhältnis mit Lewes einging. Sie zitieren ein Nietzsche zugeschriebenes Sprichwort, daß ein verheirateter Philosoph lächerlich sei, obschon die Männer ihrer Wahl nicht Philosophen sind. Wenn sie schließlich die Idee, unsere Eheeinrichtungen durch private Initiative und persönliche Rechtschaffenheit zu reformieren, fallenlassen und einwilligen, zum Standesamt oder sogar zum Altar geführt zu werden, bestehen sie darauf, zuerst ein ausdrückliches Übereinkommen zu treffen, wonach beide Parteien trotz der gesetzlichen Bande vollkommen frei sein sollen, nach Lust und Laune an jeder Blume zu naschen. Ich kann nicht finden, daß sich ihre Ehen als weniger monogam erweisen als diejenigen anderer Leute: tatsächlich ist es eher umgekehrt. Infolgedessen weiß ich nicht, ob sie weniger Aufhebens machen als gewöhnliche Menschen, wenn eine der beiden Parteien von der Vertragsklausel profitieren will; aber die Existenz des Vertrages zeigt dieselbe anarchische Auffassung, das Gesetz könne von zwei beliebigen Privatpersonen einfach dadurch umgangen werden, daß man einander verspricht, es zu ignorieren.

Nun sind aber die meisten Gesetze – und alle sollten es sein – stärker als das stärkste Individuum. Sicherlich ist es das Ehegesetz. Die einzigen, die ihm erfolgreich ausweichen, sind diejenigen, die sich tatsächlich seinen Schutz verschaffen, indem sie vorgeben, verheiratet zu sein, wenn sie es nicht sind, und Bohemiens, die keine Positionen zu verlieren und keine Karriere aufzugeben haben. In jedem andern Fall bedeutet offene Verletzung der Ehegesetze entweder völligen Ruin oder so viel Schädigung und Ungemach, daß ein kluger Mann oder eine kluge Frau sich lieber zehnmal verheiraten würde, als dies auf sich zu nehmen.

Und diese Schädigung, dieses Ungemach sind nicht einmal der Preis der Freiheit; denn wie Brieux in »Les Hannetons« so überzeugend gezeigt hat, erweist sich ein eingestandenermaßen illegitimes Verhältnis in der Praxis oft als ebenso tyrannisch und unausweichlich wie das schlimmste legitime.

Wir können also annehmen, daß, wenn eine Wohngemeinschaft erwogen wird und somit Kinder- und Eigentumsfragen eine Rolle spielen, die Ehe tatsächlich für alle normalen Menschen obligatorisch ist. Solange das Gesetz nicht geändert ist, bleibt uns nichts andres übrig, als daraus, wie es eben jetzt ist, das Beste zu machen. Selbst wenn keine solche Gemeinschaft gewünscht wird, fallen heimliche Unregelmäßigkeiten als Alternative zur Ehe nicht ins Gewicht. Wie verbreitet diese sind, weiß niemand; denn trotz dem mächtigen Schutz, der den Beteiligten durch das Gesetz über Verleumdung gewährt wird, und obwohl die Gesellschaft aus verschiedenen anderen Gründen bereit ist, sich hinters Licht führen zu lassen, wenn nur der allerdurchsichtigste Schein gewahrt wird, werden die meisten wahrscheinlich niemals verdächtigt. Aber sie sind weder würdig noch sicher noch bequem, was sie für durchschnittlich anständige Menschen von selbst unmöglich macht. Die Ehe bleibt praktisch unvermeidlich, und je früher wir dies zur Kenntnis nehmen, desto eher werden wir trachten, sie anständig und vernünftig zu gestalten.

Wie sehr wir auch alle durch die Ehe leiden mögen, so denken doch die meisten von uns so wenig über sie nach, daß wir sie als festen Bestandteil der Weltordnung betrachten wie das Gesetz der Schwerkraft. Außer diesem Irrtum, der als konstant betrachtet werden kann, brauchen wir das Wort mit rücksichtsloser Ungenauigkeit, indem wir ein Dutzend verschiedener Dinge damit meinen und dennoch immer annehmen, daß es für einen anständigen Menschen nur eine Bedeutung haben könne. Der fromme Bürger, der zum Beispiel den Sozialisten unaussprechlicher Dinge verdächtigt und ihn aufgeregt fragt, ob er die Ehe abschaffen wolle, regt sich über die unbeantwortbare Spitzfindigkeit auf, wenn der Sozialist ihn fragt, welche besondere Art von Ehe er im Sinn habe: ob die englische Zivilehe, die kirchliche Ehe, die unauflösbare römisch-katholische Ehe, die Ehe zwischen Geschiedenen, die schottische Ehe, die irische Ehe, die französische, deutsche, türkische Ehe oder diejenige von Süd-Dakota. In Schweden, einem der höchstzivilisierten Länder der Welt, wird eine Ehe auf Wunsch beider Parteien aufgelöst, gleichgültig wie sie geführt wurde. Das bedeutet »Ehe« in Schweden. In Clapham nennt man das mit einer sinnlosen Bezeichnung »freie Liebe«. Im britischen Weltreich haben wir unbeschränkte kulinische Polygamie, mohammedanische Polygamie, die auf vier Frauen beschränkt ist, Kinderehen und, näher dem Mutterland, Ehen zwischen Vettern ersten Grades; alles Greuel in den Augen mancher würdiger Personen. Nicht nur kann der ehrbare britische Verfechter der Ehe irgendeine dieser sehr verschiedenen Einrichtungen meinen; manchmal meint er überhaupt nicht die Ehe. Er meint die Monogamie, die Keuschheit, die Mäßigkeit, die Ehrbarkeit, die Moral, die christliche Gesinnung, den Antisozialismus und ein Dutzend anderer Dinge, die nicht wirklich etwas mit der Ehe zu tun haben. Oft meint er etwas, was er nicht einzugestehen wagt: zum Beispiel den Besitz der Person eines anderen Menschen. Und er gesteht niemals die Wahrheit über seine eigene Ehe, weder sich selbst noch einem anderen.

Mit jenen Individualisten, die im neunzehnten Jahrhundert von der gänzlichen Abschaffung der Ehe träumten, mit der Begründung, das sei Privatangelegenheit zwischen zwei Menschen und die Gesellschaft habe nichts damit zu schaffen, brauchen wir uns jetzt nicht mehr abzugeben. Die Mode der Eigenbrötelei ist vorüber, und wir dürfen diskussionslos annehmen, daß Gemeinschaften mit dem Zweck der Familiengründung auch in Zukunft vom Staat registriert und reguliert werden. Eine solche Registrierung ist die Ehe, und sie wird auch künftig Ehe genannt werden, wenn die Bedingungen der Registrierung sich längst so sehr verändert haben, daß kein jetzt lebender Bürger sie als Ehebedingungen erkennen würde, wenn er wieder auf die Welt käme. Daher steht die Abschaffung der Ehe außer Frage. Ein sehr dringendes Problem ist jedoch die Verbesserung ihrer Bedingungen. Ich habe noch nie jemand gesprochen, der wirklich für die Aufrechterhaltung der Ehe war, so wie sie jetzt in England besteht. Ein Römisch-Katholischer gehorcht vielleicht seiner Kirche, indem er wörtlich der Lehre von der unauflösbaren Ehe zustimmt. Aber niemand, der in Betracht kommt, glaubt unmittelbar, frei und instinktiv, daß, wenn jemand einen Mord begeht und dafür zwanzig Jahre ins Gefängnis kommt, der freie und unschuldige Gatte oder die Gattin dieses Mörders durch die Ehe gebunden bleiben soll. Um es kurz zu machen: Ein Vertrag auf Gedeih und Verderb ist ein Vertrag, der nicht geduldet werden sollte. Tatsächlich wird er nicht einmal von der römisch-katholischen Kirche voll geduldet, denn römisch-katholische Ehen können vom Papst, wenn auch nicht von den weltlichen Gerichtshöfen aufgelöst werden. Die unauflösliche Ehe ist eine akademische Fiktion, nur von Ledigen verfochten und von angenehm verheirateten Leuten, die sich vorstellen, daß, wenn andere Paare sich unbehaglich fühlen, es ihre eigene Schuld sein müsse, genauso wie reiche Leute sich gerne vorstellen, daß anderen Leuten, wenn sie arm sind, recht geschieht. Es gibt immer eine Möglichkeit der Scheidung. Die Bedingungen der Scheidung können sehr verschieden sein, angefangen mit denen, unter welchen Heinrich VIII. die Scheidung von Katharina von Aragon erlangte, bis zu den Rechtsgründen, aus welchen Amerikanerinnen die Scheidung wünschen. (Zum Beispiel »seelische Angstzustände«, dadurch verursacht, daß der Mann unterließ, seine Zehennägel zu schneiden.) Aber es gibt immer einen Punkt, bei dem die Theorie der unauflösbaren »Ehe auf Gedeih und Verderb« in der Praxis zusammenbricht. Süd-Carolina hat zwar ein Gesetz erlassen, das wir als Mißgeburt bezeichnen können: es erklärt, eine Ehe könne unter keinen Umständen geschieden werden. Aber ein solcher Widersinn wird wahrscheinlich durch die bloße Macht der Umstände außer Kraft gesetzt oder ergänzt werden, ehe diese Worte in Druck gegangen sind. Die einzige Frage, die erwogen werden muß, ist diejenige nach den Bedingungen der Scheidung.

Wenn wir uns die allgemeine romantische Auffassung zu eigen machen, wonach das Ziel der Ehe die Glückseligkeit sei, dann ist der wichtigste Grund für die Scheidung einer Ehe, daß sie der einen oder andern oder beiden Parteien unangenehm ist. Wenn wir die Ansicht vertreten, das Ziel der Ehe sei die Sorge um Zeugung und Erziehung von Kindern, dann sollte Kinderlosigkeit ein triftiger Grund für die Scheidung sein. Da keiner dieser Gründe verheiratete Personen zur Scheidung berechtigt, ist es ohne weiteres klar, daß unser Ehegesetz auf keiner der beiden Annahmen beruht. Worauf es wirklich beruht, ist die Moral des zehnten Gebotes, und die Engländerinnen werden es eines Tages fertigbringen, dieses von den Mauern unsrer Kirchen zu tilgen, indem sie sich weigern, ein Gebäude zu betreten, in welchem sie öffentlich in einem Atemzug mit des Mannes Haus, seinem Ochsen und seinem Esel als seiner beweglichen Habe angeführt werden. Zufolge dieser Moral gilt weiblicher Ehebruch als Unterschleif von seiten der Frau und als Diebstahl von seiten des Mannes, während männlicher Ehebruch mit einer unverheirateten Frau überhaupt kein Verbrechen ist. Aber obwohl dies nicht nur die Theorie unserer Ehegesetze, sondern auch die praktische Moral vieler von uns ist, so ist es doch keine eingestandene Moral mehr, noch hängt ihr beharrliches Fortbestehen von der Ehe ab; denn die Abschaffung der Ehe würde, falls andere Dinge unverändert blieben, die Frauen in stärkerer Sklaverei erhalten als jetzt.

Wir werden später die Frage der wirtschaftlichen Abhängigkeit der Frauen von den Männern behandeln; im Augenblick aber beschränken wir uns besser auf die Ehetheorien, die einzugestehen und zu verteidigen wir uns nicht schämen, und auf Grund derer die Ehereformatoren werden vorgehen müssen.

Wir dürfen, glaube ich, vom Gebiet der praktischen Politik die extrem priesterliche Auffassung der Ehe als eines heiligen und unauflöslichen Vertrages ausschalten; denn obschon sie durch unglückliche Ehen unterstützt wird, wie aller Fanatismus durch menschliche Opfer unterstützt wird, ist sie durch die Einführung der Zivilehe und der Scheidung zu einer privaten und sozial unwirksamen Exzentrizität geworden. Theoretisch sind unsere zivil verheirateten Paare für einen Katholiken dasselbe wie unverheiratete Paare; das heißt, sie leben in offener Sünde. Praktisch werden zivil verheiratete Paare in der Gesellschaft, von Katholiken und allen übrigen, ebenso empfangen wie sakramental verheiratete Paare; dasselbe gilt für Leute, die von ihren Frauen oder Männern geschieden sind und sich wieder verheiratet haben. Und dennoch wird die Ehe von der öffentlichen Meinung so stürmisch erzwungen, daß die leiseste Andeutung von Nachlässigkeit in ihrer Unterstützung selbst für den höchsten und besten Ruf verhängnisvoll ist, obschon einer Nachlässigkeit im Betragen mit grinsender Toleranz zugeblinzelt wird. So machen wir die Erfahrung, daß der tadellos lebende Shelley als Teufel in menschlicher Gestalt bezeichnet wird, während Nelson, der seine Frau vor aller Welt verließ und mit Sir

William und Lady Hamilton einen »ménage à trois«
bildete, vergöttert wird. Shelley hätte in jeder Graf-
schaft Englands ein uneheliches Kind haben dürfen,
wenn er es offen als Sünder gehabt hätte. Sein un-
verzeihliches Verbrechen bestand darin, daß er die Ehe
als Einrichtung angriff. Wir empfinden eine seltsame
Bedrängnis, die aus Schrecken und Haß gegen ihn besteht, wie gegen jemand, der uns mit einer tödlichen
Verletzung bedroht. Welches ist das Element in seinen
Vorschlägen, das diese Wirkung hervorbringt?

Auf die Antwort der Spezialisten haben wir bereits
angespielt: daß der Angriff auf die Ehe ein Angriff
auf den Besitz ist. Daher ist Shelley für einen Ehemann etwas Verdammenswerteres als ein Pferdedieb
– nämlich ein Frauendieb – und für eine Ehefrau etwas Verdammenswerteres als ein Einbrecher – nämlich jemand, der ihr das Haus ihres Gatten über ihrem
Kopf wegstiehlt und sie mittel- und namenlos auf der
Straße zurückläßt. Nun erklärt dies ohne Zweifel einen guten Teil des Vorurteiles gegen Shelley; eines
Vorurteiles, das in unseren Gewohnheiten so tief ver-
wurzelt ist, daß, wie ich in meinem Stück gezeigt habe, Männer, die kühnere Freidenker sind als Shelley
selbst, sich ebensowenig zu einem Ehebruch zwingen
können als zu irgendeinem gewöhnlichen Diebstahl,
während Frauen, die sexuelle Sklaverei stärker hassen
als Mary Wollstonecraft, unfähig sind, die Unsicher-
heit und die Entwürdigung des Vagabundenlebens auf
sich zu nehmen, das für eine herrenlose Frau die einzige Alternative zum Zölibat ist. Aber trotz alledem
gibt es einen Aufstand gegen die Ehe, und er hat sich

innerhalb meiner Lebenszeit sehr schnell ausgebreitet. Wir alle glauben zwar noch immer an die Existenz einer riesigen und gefährlichen Majorität, welche die leiseste Andeutung von Skepsis gegenüber der Schönheit und Heiligkeit der Ehe als infam und verabscheuungswürdig betrachtet. Aber manchmal wundere ich mich, warum es so schwierig ist, ein authentisches, lebendes Mitglied dieser gefürchteten Armee der Konvention außerhalb der Masse von Leuten zu finden, die überhaupt nie über öffentliche Fragen nachdenken und die, trotz ihrem zahlenmäßigen Gewicht und ihren anscheinend unbesieglichen Vorurteilen, heutzutage soziale Änderungen ebenso zahm aufnehmen, wie ihre Ahnen die Reformation unter Heinrich und Eduard aufnahmen, die Restauration unter Maria, und, nach Marias Tod, das wunderliche Gebräu, welches Elisabeth aus beiden Lehren zusammenmischte und die »Artikel der Kirche von England« nannte. Wenn alles diesem einfachen Volk überlassen bliebe, gäbe es überhaupt nie irgendwelche Änderungen, und die Gesellschaft würde zugrunde gehen wie eine Schlange, die ihre Haut nicht abstoßen kann. Ihnen zum Trotz wechselt aber die Schlange ihre Haut, und es gibt Zeichen dafür, daß unser Ehegesetz denkende Menschen beunruhigt und bald abgestoßen werden wird, ob nun die andern damit zufrieden sind oder nicht. Daher erhebt sich die Frage: Was gibt es in der Ehe, was die denkenden Menschen so sehr beunruhigt?

Die Antwort auf diese Frage ist eine Antwort, die jedermann weiß und keiner gerne gibt. Was unsere Geistlichen und Staatsmänner dazu treibt, schließlich mit ihr herauszuplatzen, ist die einfache Tatsache, daß die Ehe eben jetzt das Land mit solch erschreckender Schnelligkeit zu entvölkern beginnt, daß wir gezwungen sind, unsere Schamhaftigkeit abzuwerfen wie Menschen, die, von einem Feueralarm geweckt, im Nachthemd oder überhaupt ohne Kleider auf die Straße stürzen. Der fiktive Anhänger der freien Liebe, von dem man glaubte, daß er die Ehe angreife, weil sie seinen ordnungswidrigen Gefühlen ein Hindernis entgegensetze und ihn davon abhalte, aus dem Leben einen Karneval zu machen, ist verschwunden und durch den sehr wirklichen, sehr starken, sehr strengen Rächer des verletzten Anstandes ersetzt worden, der erklärt, daß die Ausschweifung der Ehe jetzt, wo sie die menschliche Rasse nicht länger erneuert, diese zerstört.

Wie immer ist dieser Frontwechsel noch nicht bemerkt worden von unsern Zeitungskriegern und von den vorstädtischen Abonnenten, deren Ansichten von den Zeitungen fabriziert werden. Sie verteidigen die Festung noch immer auf der Seite, die niemand angreift, und lassen ihre schwächste Front unverteidigt.

Der religiöse Aufstand gegen die Ehe ist sehr alt. Das Christentum nahm seinen Anfang mit einem wütenden Angriff auf die Ehe, und bis zum heutigen Tage stellt die Ehelosigkeit der römisch-katholischen Prie-

sterschaft einen ständigen Protest gegen ihre Verein-
barkeit mit dem höheren Leben dar. Des heiligen Paulus zögernde Genehmigung der Ehe, sein persönlicher
Protest, er unterstütze sie notgedrungen und gegen seine Überzeugung, sein verachtungsvolles: »Es ist besser
freien denn Brunst leiden«, ist nur insofern veraltet,
als sein Glaube, der Weltuntergang stehe unmittelbar
bevor und es gebe deshalb keine Bevölkerungspro-
bleme mehr, mitspielte. Sein instinktives Zurückweichen vor ihrem häßlichsten Aspekt als einer Versklavung durch die Lust, welche zwei Menschen dazu
bringt, gegenseitige Sklaverei anzunehmen, ist bis zum
heutigen Tage eine aktive Kraft in der Welt geblieben
und wirkt heute beunruhigender als je. Wir haben
mehr und mehr paulinische Ehelose, deren Einwand
gegen die Ehe die unerträgliche Würdelosigkeit ist, die
darin besteht, daß man das Eheleben so, wie es nor-
malerweise aufgefaßt wird, wünschen oder leben solle.
Jeder denkende oder beobachtende Geistliche wird
verwirrt durch die Entschlossenheit seiner Herde, die
Ehe als geheiligten Zufluchtsort der Lust anzusehen.
Er sieht nämlich, daß die berüchtigten Lüstlinge seiner Gemeinde sichtlich viel weniger an Unmäßigkeit
leiden als viele der Eheleute, von denen sie als läster-
liche Ungeheuer gebrandmarkt werden.

Der verstorbene Hugh Price Hughes, ein hervorragender methodistischer Geistlicher, veranstaltete einmal in London eine Konferenz angesehener Männer, um dieses Thema zu besprechen. Sie blieb ergebnislos (in Abwesenheit der Frauen mußte sie es bleiben), aber sie hatte einen bestimmten Wert: sie gab anwesenden jungen Soziologen, unter denen ich mich befand, einen authentischen Begriff davon, was eine auserwählte Versammlung angesehener Männer unter dem Eheleben verstand. Es war tatsächlich eine überwältigende Offenbarung. Peter der Große wäre schockiert gewesen, Byron entsetzt; Don Juan wäre aus der Konferenz in ein Kloster geflohen. Die angesehenen Männer betrachteten samt und sonders die Heiratszeremonie als einen Ritus, der sie von den Gesetzen der Hygiene und der Mäßigkeit lossprach, den Beginn lebenslanger Flitterwochen darstellte und ihre Lüste auf genau dieselbe Ebene hob wie ihre Gebete. Es erschien ihnen völlig angemessen und natürlich, daß von je vierundzwanzig Stunden ihres Lebens sie acht allein mit ihren Frauen, in ein Zimmer eingeschlossen, verbringen sollten, und dies nicht wie die Vögel zur Paarungszeit, sondern das ganze Jahr hindurch und jedes Jahr. Wie sie selbst so viel weniger dringende Fragen erledigten, welche Partei zu entscheiden habe, ob und wie weit das Fenster offen stehen, wie viele Wolldecken auf dem Bett liegen und um welche Zeit man zu Bett gehen und aufstehen sollte, um einander nicht im Schlaf zu stören, schien mir ein unlösliches Problem. Aber den Mitgliedern der Konferenz schien es nichts auszumachen. Sie waren es zufrieden, das ganze nationale Wohnproblem auf der Basis von einem Zimmer für zwei Menschen zu behandeln. Das war für sie das Wesen der Ehe. Man darf übrigens nicht vergessen, daß ihre Lebensbedingungen nicht dazu angetan waren, ihrer Unmäßigkeit Einhalt zu gebieten. Sie waren Geschäftsleute, das heißt, Leute, die meistens mit Routinearbeit beschäftigt waren, die weder ihren Geist noch ihren Körper ihren Fähigkeiten entsprechend voll in Anspruch nahm. Verglichen mit Staatsmännern, erstklassigen Berufstätigen, Künstlern und sogar, was körperliche Übung angeht, mit Arbeitern und Handwerkern, waren sie unterbeschäftigt und konnten das Beste von ihren Fertigkeiten und die letzten paar Zentimeter ihres Brustumfanges entbehren, ohne daß sie deswegen für ihre tägliche Routine weniger tauglich gewesen wären. Hätte ich mir ihre Gewohnheiten angeeignet, so würde sich, ehe vierzehn Tage um gewesen wären, eine bestürzende Verschlechterung in meiner schriftstellerischen Leistung bemerkbar gemacht und mich wieder in eine Askese gescheucht haben, die ihnen unmöglich erschienen wäre. Aber sie büßten nicht dafür, wenigstens nicht bewußt. Sie hatten so viel Gesundheit als sie wünschten, das heißt, sie empfanden kein Bedürfnis nach einem Arzt. Sie genossen Rauchen, Essen, hübsche Kleider, zärtliche Spiele mit ihren Kindern, Aussichten auf höhere Gewinne oder Saläre, den freien Samstagnachmittag und den Sonntagsspaziergang und alles übrige. Sie arbeiteten weniger als zwei Stunden täglich und brauchten dafür sieben bis neun Bürostunden. Und sie taugten für keinen sterblichen Zweck als für die Fortsetzung ihrer Lebensweise. Sie waren anständig nur in bezug auf den Standard, den sie selbst festgesetzt hatten. Betrachtete man sie jedoch im Ernst als Wähler, die ein Reich durch ihre Stimme lenken und seine religiösen und moralischen Einrichtungen durch ihre Macht der sozialen Verfolgung wählen und aufrechterhalten, so waren sie eine schwarzberockte Armee des Unglücks. Sie waren unfähig, die Fabrikation, für die sie arbeiteten, die Gesetze, unter welchen sie lebten, oder die Beziehung ihres Landes zu andern Ländern zu verstehen. Sie lebten zufrieden das Leben von Greisen. Sie waren auf eine schüchterne Weise konservativ, in einem Alter, in dem jedes gesunde menschliche Wesen geräuschvoll revolutionär sein sollte. Und ihre Frauen durchlebten die Routine von Küche, Kinderstube und Salon genau wie sie selbst die Büroroutine. Sie waren alle, wie sie es nannten, seßhaft geworden, wie Ballons, die ihren Auftrieb verloren haben. Und es war klar, daß der Vorgang des Seßhaftwerdens weitergehen würde, bis sie sich in ihren Gräbern niederlassen würden. Sie lasen angestrengt altmodische Zeitungen und griffen gierig nach einer neuen Art Zeitung, die einen halben Penny kostete und von der sie glaubten, sie sei außerordentlich klug und interessant. Sie hatte aber niemals wirklichen Erfolg, bis sie äußerst langweilig wurde, alle ernsthaften Nachrichten ausschaltete und sie durch leeres Geschwätz ersetzte, und anstatt politischer Artikel, die wenigstens auf einer Schulbildung in Wirtschaft, Geschichte und verfassungsmäßiger Gesetzgebung beruhten, so armselige Torheiten, Sentimentalitäten, Snobismen und Parteigezänk brachte, wie die Unwissenheit sie verstehen und die Verantwortungslosigkeit sie genießen konnte. Was sie Patriotismus nannten, war die Überzeugung, daß sie, weil sie in Tooting oder Camberwell geboren waren, Beethoven, Rodin, Ibsen, Tolstoi und allen übrigen unwissenden Ausländern von Natur aus überlegen waren. Diejenigen von ihnen, die es nicht für unrecht hielten, ins Theater zu gehen, liebten über alles ein Stück, dessen Held Dick hieß, dauernd an einer Pfeife herumfingerte und, nachdem er durch drei Akte hindurch von Bewunderung und Liebe überschüttet worden war, schließlich, auf Grund eines erschreckenden Mangels an Tugend, mit dem legalen Besitz der Person einer hübschen Heldin belohnt wurde. Tatsächlich stellen sie sich unter dem Wort Tugend nichts anderes vor, als daß man nicht die Frauen anderer Männer stehlen oder sich weigern dürfe, ihre Töchter zu heiraten. In bezug auf Gesetz, Religion, Ethik und verfassungsmäßige Regierung konnte ihnen jede Fälschung imponieren. Jeder Atheist konnte sich ihnen gegenüber als Bischof ausgeben, jeder Anarchist als Richter, jeder Despot als Liberaler, jeder sentimentale Sozialist als Konservativer, jeder Tränkebrauer oder Hexenverfolger als Wissenschaftler und jeder Phrasendrescher als Staatsmann. Diejenigen, die nicht an die Geschichte von Jonas und dem Walfisch glaubten, glaubten dafür desto leichter, daß Metalle ineinander verwandelt und alle Krankheiten mit Radium geheilt werden könnten, und daß die Menschen, wenn sie saure Milch tränken, zweihundert Jahre alt werden könnten. Selbst diese Leichtgläubigkeit verlangte von vielen eine zu ernsthafte Anstrengung: es war leichter zu grinsen und an nichts zu glauben. Sie bewahrten sich ihre Selbstachtung, indem sie »das Spiel spielten« (das heißt, sie taten, was jedermann tat) und indem sie sich in Hüten, Krawatten, Hunden, Pfeifen, Krikket, Gärten, Blumen und ähnlichem auskannten. Sie konnten ihre gegenseitige Zahlungsfähigkeit und Ehrbarkeit mit einigem Scharfblick diskutieren und waren imstande, geradezu komplizierte Systeme von Besuchemachen und gegenseitigem Bekanntwerden durchzuführen. Sie fühlten sich ein wenig vulgär, wenn sie einen Tag im Margate, und ganz vornehm und weitgereist, wenn sie ihn in Boulogne verbrachten. Sie waren außer in bezug auf ihre Kleider »nicht heikel«: das heißt, sie konnten sich mit einem häßlichen Anblick, mit häßlichen Tönen, ungesunden Gerüchen und unbequemen Häusern, mit unmenschlicher Apathie und Gefühllosigkeit abfinden. Sie hatten in bezug auf Erwachsene eine Theorie, nämlich, die menschliche Natur sei so schwach, daß ein Versuch, die Welt zu verbessern, nutzlos wäre. In bezug auf Kinder aber glaubten sie, daß, wenn man sie nur genügend belehrte und verprügelte, sie zu einem Zustand moralischer Vollkommenheit erzogen werden könnten, wie sie kein Fanatiker jemals seiner Gottheit andichtete. Obschon sie nicht mit Absicht boshaft waren, verübten sie die entsetzlichsten Grausamkeiten aus bloßer Gedankenlosigkeit: Sie steckten Männer und Frauen, wegen eines Einbruchs in ihre Häuser, ohne weiteres bis zu zwanzig Jahren ins Gefängnis; sie behandelten ihre Kinder wie wilde Bestien, die mit einem System von Schlägen und Karzern, Erziehung genannt, gezähmt werden können, und sie hielten Klaviere in ihren Häusern, nicht für musikalische Zwecke, sondern um ihre Töchter mit einer sinnlosen Dummheit zu quälen, die einem Inquisitor widerstanden hätte.

Kurz, lieber Leser, sie waren dir und mir sehr ähnlich. Ich könnte hundert Seiten füllen mit der Aufzählung unserer Torheiten und immer noch vieles unerwähnt lassen, aber was ich hier wahllos niedergeschrieben habe, genügt, um das System, das uns hervorgebracht hat, zu verurteilen. Der Eckpfeiler dieses Systems war die Familie und die Institution der Ehe, wie wir sie heute in England haben.

Es gibt kein Ausweichen: Wenn die Ehe nicht dazu gebracht werden kann, etwas Besseres hervorzubringen als das, was wir sind, wird die Ehe abtreten müssen, sonst muß die Nation abtreten. Es nützt nichts, von Ehre, Tugend, Reinheit und gesundem, süßem, reinem englischen Familienleben zu sprechen, wenn wir nichts anderes als die beschriebenen Gewohnheiten meinen. Die platte Tatsache ist, daß das englische häusliche Leben weder anständig, tugendhaft, gesund, süß, rein oder in irgendeiner glaubhaften Art besonders englisch ist. Es ist in mancher Hinsicht auffallend das Gegenteil; und der Brauch, Kinder in noch sehr jugendlichem Alter der Kinderstube vollkommen zu entwöhnen und sie in eine öffentliche Schule und dann an eine Universität zu schicken, bringt, obwohl diese Institutionen vom Klassenbewußtsein verseucht und in mancher Hinsicht abscheulich korrupt sind, sozial fähigere Menschen hervor. Auch Frauen werden besser durch die Flucht aus dem Heim, die durch die Frauen-Colleges ermöglicht wird; aber da ihrer sehr wenige das Glück haben, diesen Vorteil zu genießen, sind die meisten Frauen so gründlich hausbacken, daß sie für die menschliche Gesellschaft untauglich sind. So wenig wird von ihnen erwartet, daß wir in Sheridans »Lästerschule« kaum bemerken, welch ein weiblicher Grobian die Heldin ist, ebenso verabscheuungswürdig und ehrlos in ihrer Reue, wie vulgär und albern in ihrer Unart. Es blieb einem abnormalen Kritiker wie George Gissing vorbehalten, auf die auffallende Tatsache hinzuweisen, daß in der Sammlung von Lebensstudien viktorianischer Frauen, die man in Dickens' Romanen findet, die am überzeugendsten wirklichen entweder lästerlich unliebenswert oder komisch verächtlich sind; seine Versuche aber, durch die Idealisierung des hausbackenen Frauentums bewundernswerte Heldinnen darzustellen, sind nicht nur absurd, sondern nicht einmal vergnüglich absurd: man hat keine Geduld mit ihnen.

All dies kann verbessert werden, wenn das häusliche Leben und Gefühl auf einigermaßen vernünftige Maße im Leben des Individuums herabgesetzt wird; die Gefahren der Häuslichkeit liegen nämlich nicht in der menschlichen Natur. Häuslich leben, wie wir es verstehen, ist uns nicht natürlicher als der Käfig dem Kakadu. Es gefährdet aber die Nation aufs schwerste durch seine Engherzigkeit, seine unnatürlich aufgestachelten und trotzig eifersüchtigen Begierden, seine kleinliche Tyrannei, seine falsche soziale Anmaßung, seine endlose Mißgunst und Zänkerei. Seinetwegen opfert der Sohn die Zukunft, weil er zur Unterstützung der Familie zu einer Zeit Geld verdienen muß, in der er sich für sein ganzes Leben ausbilden sollte (man erinnere sich an den jungen Dickens und die Schuhwichsefabrik). Seinetwegen werden die Aussichten der Tochter geopfert, indem man sie zur Sklavin kranker oder selbstsüchtiger Eltern macht. Seinetwegen werden in kleine Backsteinhäuser kleine Menschenpakete von schlecht zusammengestelltem Alter gepackt, wo die Alten die Jungen schelten oder schlagen, weil sie sich wie junge Leute, und die Jun-

gen die Alten hassen und behindern, weil sie sich wie
alte Leute benehmen. Schließlich zeitigt es all die andern
aussprechbaren und unaussprechlichen Übel, die
sich aus der übertriebenen Absonderung ergeben. Diese
Übel aber werden als Wohltaten und Segnungen
aufgezogen, welche den höchst erreichbaren Grad von
Ehre und Tugend darstellen, während jede Kritik und
Auflehnung gegen sie als äußerste Lasterhaftigkeit
zornig verfolgt wird. Der Aufstand, zur Heimlichkeit
verdammt und daher noch schlimmer, hat von Heuchelei
verhüllte Ausschweifungen zur Folge und ein
überwältigendes Verlangen nach liederlichen Theaterunterhaltungen,
denen keine Zensur Einhalt gebieten
kann. Die allerschlimmste Folge ist jedoch eine
Vermengung der Begriffe Tugend und Moral: die bloße
Moral erniedrigt das Niveau der Tugend, und
schließlich wird das Echte gehaßt, weil die Fälschung
hassenswert ist. Literarische Traditionen entstehen, in
welchen die Ausschweifenden und Ruchlosen – Tom
Jones und Charles Surface – die Helden, und die Korrekten
und Gesetzesfürchtigen – Blifil und Joseph
Surface – die Schurken und Sündenböcke sind. Die
Menschen glauben gern, daß Nell Gwynne jede liebenswürdige
Eigenschaft hat und die Frau des Bischofs
jede abstoßende. Der arme Pecksniff, der im allgemeinen
nichts schlimmeres ist als ein Windbeutel mit
einer Vorliebe für pompöse Phrasen, wird als Verbrecher
hingestellt, anstatt als sehr typischer englischer
pater familias, der sich selbst und seinen Töchtern ein
Dach überm Kopf schafft, indem er die Leute für seine
Dienste mehr bezahlen läßt, als sie wert sind. In

den extremsten Beispielen des Aufstands gegen die Konvention erhalten Mörderinnen scheffelweise Heiratsanträge, und wenn die Natur jenes seltsame Phänomen hervorbringt, nämlich einen skrupellosen Lüstling, ist sein Erfolg bei den »wohlerzogenen« Mädchen so mühelos und die Hingabe, die er einflößt, so unmäßig, daß es unmöglich ist, zu übersehen, wie der Aufstand gegen die konventionelle Ehrbarkeit einen gewöhnlichen Schurken in eine Art anarchistischen Heiland verwandelt hat. Was den ehrbaren Lüstling angeht, der Omar-Chajjam-Klubs beitritt und bei Swinburnes' Beschwörung der Dolores, »herabzukommen und uns von der Tugend zu erlösen« ergriffen mitschwingt, so ist er in jeder Vorstadt zu finden.

Wir müssen, was unsere häuslichen Ideale betrifft, vernünftig sein. Ich glaube nicht, daß das Leben in einer öffentlichen Schule einem Jungen durchaus gut bekommt –, so wenig wie das Barackenleben einem Soldaten. Aber andererseits ist auch das häusliche Leben nicht durchaus bekömmlich. Die gute Wirkung, die es haben mag, beruht, möchte ich sagen, darauf, daß es von eben der Atmosphäre frei ist, die es zu schaffen vorgibt. Diese Atmosphäre wird gewöhnlich beschrieben als eine der Liebe: eine Definition, die genügen sollte, um jeden gesunden Menschen vor ihr zu warnen. Menschen, die sprechen und schreiben, als ob der höchsterreichbare Zustand die Familie sei, die von der Wiege bis zum Grabe vor Liebe dampft, dürften einem so übertriebenen Vorschlag kaum fünf Minuten ernsthafter Betrachtung gewidmet haben. Sie dürften sich nicht einmal schlüssig sein, was sie unter Liebe verstehen, denn wenn sie sich über ihre Behauptung verbreiten, so sprechen sie manchmal von Güte und manchmal von bloßem Appetit. In beiden Fällen sind sie gleich weit von den Wirklichkeiten des Lebens entfernt. Kein gesunder Mensch, kein gesundes Tier beschäftigt sich mit Liebe in irgendeinem Sinn länger als einen sehr kleinen Bruchteil der Zeit, die dem Geschäft gewidmet werden muß und Erholungen, die ganz und gar nichts mit Liebe zu tun haben. Eine Frau, die sich ausschließlich mit der Liebe zu ihrem Mann, eine Mutter, die sich ausschließlich mit der Liebe zu ihren Kindern beschäftigt, mag in einem Buch am Platz sein (für

Leute, die derlei Bücher gern haben), aber im wirklichen Leben ist sie eine Plage. Ihr Gatte kann ihr entrinnen, da sein Geschäft ihn zwingt, den ganzen Tag außer Haus zu verbringen, kleine Kinder aber können von ihr zu Tode geherzt und gehätschelt, korrigiert und angepredigt werden. Ziemlich häufig gehen sie wirklich daran zugrunde – vor allem an den ständigen Versuchen der Mutter, eine frühreife Sentimentalität zu erregen: eine Praxis, die so fragwürdig und möglicherweise so schädlich ist wie die schlimmsten Kunstgriffe der schlimmsten Kindermädchen.

In den meisten gesunden Familien ist eine Auflehnung gegen diese Tendenz vorhanden. Der Austausch von Geburtstagsgeschenken und dergleichen wird mit allgemeiner Zustimmung abgeschafft, und die Beziehungen der einzelnen untereinander werden durch ein ausdrückliches Abkommen auf unsentimentaler Grundlage bestimmt.

Unglücklicherweise ist diese Milderung der Familiensentimentalität viel bezeichnender für große Familien als für kleine. Man pflegt zu sagen, daß Mitglieder großer Familien in der Welt vorwärtskommen, und es ist sicher wahr, daß, wenn soziale Ausbildung bezweckt wird, ein zwanzigköpfiger Haushalt einem fünfköpfigen so weit überlegen ist wie ein Oxford-College einem Achtzimmerhaus in einer wohlfeilen Straße. Zehn Kinder mit den nötigen Erwachsenen bilden eine Gemeinschaft, in welcher ein Übermaß an Sentimentalität unmöglich ist. Zwei Kinder bilden ein Puppenheim, in welchem sowohl Eltern als auch Kinder degenerieren, wenn sie sich auf den Umgang miteinander beschränken. Ja noch mehr! Als große Familien in Mode waren, waren sie viel eher als Tyrannei organisiert denn als »Atmosphäre der Liebe«. Francis Place erzählt, daß er seinem Vater aus dem Wege ging, weil dieser niemals an einem Kind in Reichweite vorbeiging, ohne es zu schlagen; und obwohl der Fall eine Ausnahme war, so handelte es sich doch um einen Ausnahmezustand, der eine Tendenz bestätigte. Als Sir Walter Scott unvorsichtigerweise seinem Vergnügen am Porridge Ausdruck gab, warf sein Vater eine Handvoll Salz hinein im instinktiven Gefühl, daß es seine Vaterpflicht wäre, seinen Sohn an diesem Genuß zu verhindern. Ruskins Mutter befriedigte die sinnliche Seite ihrer mütterlichen Leidenschaft nicht, indem sie ihn verhätschelte, sondern indem sie ihn peitschte, wenn er die Treppe hinunterfiel oder beim Auswendiglernen der Bibel nachlässig war, und dieses groteske Sicherheitsventil der Wollust hatte, wenn es auch in mancher Weise schädlich war, wenigstens den Vorteil, daß das Kind keinen Genuß daran fand und nicht davon verdorben wurde, wie es von sentimentalen Anfällen verdorben worden wäre.

Aber heutzutage können wir uns auf diese ehemaligen Sicherungen nicht mehr verlassen. Wir haben keine großen Familien mehr: alle Familien sind zu klein, um den Kindern die nötige soziale Ausbildung zu geben. Der römische Vater ist aus der Mode, und Peitsche und Stock sind in Ungnade gefallen, nicht sosehr wegen der alten Argumente gegen körperliche Züchtigung (so beweiskräftig diese waren), sondern weil der Schleier über der Tatsache, daß Auspeitschen eine Form der Ausschweifung sei, allmählich dünn wurde. Der Befürworter des Peitschens als einer Züchtigung ist jetzt sehr unangenehmen Verdächtigungen ausgesetzt, und seit Rousseau sich dazu aufraffte, eine gewisse, sehr lächerliche Beichte über dieses Thema abzulegen, hat man immer mehr eingesehen, daß das Peitschen sogar für die Kinder selber nicht immer so unschuldig ist, wie es sein will. Auf jeden Fall können wir die Tatsache nicht in Abrede stellen, daß die

Familien kleiner sind als früher und daß Leidenschaften, die früher sich in Tyrannei auslebten, weitgehend in der Sentimentalität einen Abfluß gefunden haben. Ein wenig Sentimentalität kann zwar sehr gut sein, aber chronische Sentimentalität ist ein Greuel, gefährlicher, weil leichter möglich als die Erotomanie, die wir alle verdammen, wenn wir sie nicht gerade gedankenlos als Idealzustand der Ehe glorifizieren.

Wir wollen zum Grundirrtum dieser falschen häuslichen Lehren vorstoßen. Weshalb predigte der verstorbene Samuel Butler mit einer Überzeugung, die mit seiner Lebenserfahrung wuchs, das Evangelium von Laodicea und drang in die Leute, mit dem »Gutsein«, wie sie es nannten, ebenso mäßig zu sein wie in allem andern? Warum habe ich, wenn ich eine wohlmeinende Person junge Menschen ermahnen höre, sie sollten es sich zur Regel machen, jeden Tag wenigstens eine gute Tat zu vollbringen, ungefähr das gleiche Gefühl, als ob ich sie Kinder überreden hörte, sich wenigstens einmal täglich zu betrinken? Abgesehen von dem Grundunsinn, einen Zustand als dauernd anzusehen, in welchem es in diesem Land genug Elend gäbe, um Gelegenheit für mehrere tausend Millionen guter Taten jährlich zu liefern, wäre die Wirkung auf den Charakter der Urheber dieser Taten erschreckend. Ein Monat ernsthaften Versuches, solche Ratschläge zu befolgen, hätte wahrscheinlich einschneidendere Gesetze zur Folge gegen Taten, die im Bereich der Güte den strengen Buchstaben des Gesetzes überschreiten, als wir sie jetzt gegen Ausschreitung im gegenteiligen Sinne besitzen.

Es gibt keinen gefährlicheren Irrtum als den Glauben, daß wir nicht zuviel des Guten tun können. In Wahrheit ist ein übermäßig guter Mensch viel gefährlicher als ein übermäßig schlechter; deshalb wurde Savonarola verbrannt und Johannes von Leyden mit glühenden Zangen in Stücke gerissen, während massenhaft unerlöste Schurken mit abgehauenen Ohren, versengten Handflächen, einer Auspeitschung oder mit ein paar Jahren Galeere davonkamen. Deshalb hat das Christentum die Welt nicht eher durchdrungen, als bis es seinen Anspruch an die Aufmerksamkeit des gewöhnlichen Bürgers praktisch auf ein paar Stunden an jedem siebenten Tag herabsetzte und ihn an Wochentagen in Ruhe ließ. Wenn die Fanatiker, die sich tagtäglich mit ihrer Errettung beschäftigen, gesund, tugendhaft und weise wären, dürfte man den Laodiceanismus des gewöhnlichen Mannes als beklagenswerten Mangel ansehen; tatsächlich aber könnte uns kein entsetzlicheres Unglück bedrohen als eine allgemeine Verbreitung des Fanatismus. Was die Leute Gutsein nennen, muß ebensosehr gezügelt werden wie das, was sie Schlechtsein nennen, denn die menschliche Konstitution hält von beiden nicht viel aus ohne ernste psychologische Schädigung, die im Wahnsinn oder im Verbrechen endet. Die Tatsache, daß Wahnsinn einen gewissen Vorteil genießt – Savonarola brachte es fertig, das gesellschaftliche Leben in Florenz zu zerstören –, ändert daran nichts. Wir zögern immer, einen gefährlich guten Menschen als Geistesgestörten zu behandeln, denn es kann sich herausstellen, daß er ein wahrer Prophet ist, das heißt ein Mann von außergewöhnlich gesundem Geist, der im Recht ist, während wir im Unrecht sind. Wie nötig es auch gewesen sein mag, Savonarola loszuwerden, so war es doch töricht, Sokrates zu vergiften und die heilige Johanna zu verbrennen. Nichtsdestoweniger ist es nötig, sich mit Entschiedenheit der ungeheuerlichen Behauptung zu widersetzen, daß, weil gewisse Haltungen und Gefühle in einer augenblicklichen Krise heroisch und bewunderungswürdig sind, sie lebenslänglich auf der selben Höhe erhalten werden könnten oder sollten. Ein Leben, das mit Gebet und Almosenspenden verbracht wird, ist tatsächlich so vernunftwidrig wie ein Leben, das mit Fluchen und Stehlen verbracht wird; täte es jedermann, die Wirkung wäre gleich verheerend. Die abergläubische Duldung, die den Mönchen und Nonnen bis jetzt gewährt wurde, wird unausweichlich von der sehr allgemeinen und sehr natürlichen Praxis verdrängt, ihre Zufluchtsorte zu konfiszieren und sie aus ihrem Land zu vertreiben. Das Ergebnis ist, daß sie nach England und Irland kommen, wo sie zum Teil unbemerkt leben und zum Teil gefördert werden, weil sie technische Schulen führen und unseren Mädchen eine sanftere Sprechweise und angenehmere Manieren beibringen als unsere vergleichsweise groben Elementarlehrer. Aber man ist immer noch von der Ansicht durchdrungen, daß, weil es den Menschen möglich ist, den Gipfel des Montblanc zu erklimmen und dort eine Stunde lang zu bleiben, es ihnen auch möglich sei, in dieser Höhe zu leben. Kinder werden bestraft und gescholten, weil sie das nicht können, und Erwachsene sind ernstlich beleidigt, wenn man nicht annimmt, daß sie es können.

Tatsächlich ist uns ethische Überanstrengung ebenso schädlich wie physische. Es ist wünschenswert, daß das normale Niveau des Benehmens, bei welchem die Menschen sich keiner besonderen Tugend bewußt sind, aber ein schlechtes Gefühl haben, wenn sie daruntergehen, so hoch als möglich gesteigert werde. Aber es ist nicht wünschenswert, daß sie versuchen, über diesem Niveau zu leben, sowenig als sie gewohnheitsmäßig mit fünf Meilen Stundengeschwindigkeit marschieren oder ständig einen Zentner auf ihrem Rücken tragen sollen. Ihr normaler Zustand sollte keineswegs schwierig oder bemerkenswert sein. Es ist ein vollkommen gesunder Instinkt, der uns rät, einem guten Menschen ebenso zu mißtrauen wie einem schlechten, und gegen einen Pfarrer, der außerhalb seines Berufes fromm ist, dieselben Einwände zu erheben wie gegen einen Berufskämpfer, der im Privatleben streitsüchtig und gewalttätig ist. Wir brauchen gute und schlechte Menschen sowenig wie Riesen und Zwerge. Was wir wirklich brauchen, ist eine hohe Qualität unserer Normalmenschen, Menschen, die viel anständiger sein können als das, was wir jetzt anständig nennen, und dies ohne Selbstaufopferung. Bewußtes Gutsein, wie bewußte physische Anstrengung, kann in Notfällen nützlich sein, aber für den täglichen nationalen Gebrauch fällt es nicht ins Gewicht, und seine Wirkung auf den Charakter des Individuums wird leicht verheerend sein.

Es würde schwerhalten, ein täglich praktisch verwendetes Dokument zu finden, in welchem diese offensichtlichen Wahrheiten so blödsinnig außer acht gelassen scheinen wie in der Trauungsliturgie. Wie wir gesehen haben, ist es nur scheinbarer Blödsinn: eigentlich war diese Liturgie nur ein ehrlicher Versuch, aus einem geschäftlichen Vertrag über Besitz und Sklaverei das Beste zu machen, indem man ihn einer religiösen Beschränkung unterwarf und ihn durch einen Anflug von Poesie emporhob. Das tatsächliche Ergebnis ist aber, daß, wenn zwei Menschen unter dem Einfluß der heftigsten, wahnsinnigsten, täuschendsten und vergänglichsten aller Leidenschaften stehen, man von ihnen den Schwur verlangt, daß sie in diesem erregten, abnormalen und erschöpfenden Zustand verharren, bis der Tod sie trennt. Und obwohl natürlich niemand von ihnen erwartet, daß sie etwas so Unmögliches und Ungesundes durchhalten, beruht doch das Gesetz, das ihre Beziehungen, und die öffentliche Meinung, die dieses Gesetz regelt, in Wirklichkeit auf der Annahme, daß das Ehegelübde nicht nur durchführbar, sondern sogar schön und heilig sei, und daß Menschen, wenn sie es brechen, keine Sympathie noch irgendeine Erleichterung verdienen. Wenn alle Eheleute wirklich zusammenlebten, würde unzweifelhaft die bloße Gewalt der Tatsache diesem unmenschlichen Unsinn innerhalb eines Monats, wenn nicht eher, ein Ende bereiten. Aber er wird dieser Prüfung sehr selten unterzogen. Der typische Ehemann sieht seine Frau viel seltener als seinen Geschäftspartner, seinen Mitbeamten oder seinen täglichen Arbeitsgenossen. Mann und Frau leben in der Regel nicht zusammen. Sie essen lediglich morgens und abends zusammen und schlafen im selben Zimmer. In den meisten Fällen weiß die Frau nichts vom Arbeitsleben des Mannes, und er weiß nichts von ihrem Arbeitsleben (er nennt es ihr häusliches Leben). Es ist auffallend, daß eben diejenigen Leute, welche von der Geschlossenheit und Heiligkeit der Ehe die absurdeste und romantischste Auffassung haben, andrerseits am tiefsten überzeugt sind, daß der Bereich des Mannes und der Bereich der Frau gänzlich getrennt bleiben müssen und die Eheleute nur in den Augenblicken ihrer Muße zusammen sein dürfen. Ein Mann, der mit seiner eigenen Frau so vertraut ist wie ein Beamter mit seinen Untergebenen oder wie ein Premierminister mit dem Führer der Opposition, ist einer unter Zehntausend. Die Mehrheit der Ehepaare lernen einander niemals wirklich kennen: sie gewöhnen sich nur daran, dasselbe Haus, dieselben Kinder und dasselbe Einkommen zu haben, und das ist etwas ganz anderes. Die relativ wenigen Männer, die zu Hause arbeiten – Schriftsteller, Künstler und in gewissem Maße Geistliche – müssen im Hause irgendeine Trennung zustande bringen, sonst gehen sie ein schweres Risiko ein, ihre häuslichen Beziehungen zu überspannen. Wenn das Paar so arm ist, daß es sich nur ein einziges Zimmer leisten kann, ist die Anstrengung unerträglich: heftiger Streit ist das Ergebnis. Sehr wenig Paare können in einer Einzimmermietwohnung leben, ohne einander ziemlich häufig zu schlagen. In der Klasse der Müßiggänger gibt es oft überhaupt kein richtiges Familienleben. Die Söhne sind an einer vornehmen Schule, die Töchter sind im Schulzimmer unter der Aufsicht einer Gouvernante, der Gatte ist in seinem Klub oder in einer Gesellschaft, die seiner Frau fremd ist, und die Einrichtung der Ehe genießt den Ruf häuslichen Friedens, obwohl dieser kaum intimer ist als die Beziehungen Gefangener im selben Gefängnis oder von Gästen bei der gleichen Einladung. Nehmen wir diese zwei Fälle – denjenigen des einzigen Zimmers und denjenigen des unverdienten Einkommens – als Extreme an, so können wir vielleicht den Punkt auf der dazwischen liegenden Skala erraten, wo irgendeine beliebige Familie steht. Aber es ist klar genug, daß die einzimmerige Lösung, obwohl ihre Bedingungen die Ausführung des Ehegelübdes mit der höchst erreichbaren Genauigkeit erlauben, in der Praxis viel schwerer auszuhalten und viel schädlicher in ihrer Wirkung auf die Beteiligten und damit auf die Gemeinschaft ist als die andere Lösung. Somit sehen wir, daß der Aufstand gegen die Ehe sich keineswegs nur gegen ihre Schändlichkeit als Überrest der sexuellen Sklaverei richtet. Man kann sogar mit einiger Glaubwürdigkeit behaupten, daß dies eben derjenige Teil davon ist, der sich in der Praxis am glattesten bewährt. Der Aufstand gilt jedoch auch ihrer Sentimentalität, ihrer Romantik, ihrer Verhimmelung der Verliebtheit und selbst ihrem aufreizenden Glück.

Wir erkennen jetzt, daß der Staatsmann, der es unternimmt, das Eheproblem zu behandeln, einer erschreckend komplizierten öffentlichen Meinung gegenübersteht. Er wird daher Meinungen soviel als möglich aus dem Spiel lassen und statt dessen sich mit der menschlichen Natur befassen müssen. Denn selbst wenn eine wirkliche öffentliche Meinung in einer Gesellschaft wie der unseren, einem bloßen Klassenpöbel, möglich wäre, wobei jede Klasse ihre eigenen Gewohnheiten und Vorurteile hat, so wäre sie im besten Falle ein Wirrwarr von Aberglaube und Interesse, von Tabus und Heuchelei, der nicht in eine zusammenhängende Verfügung verschmolzen werden könnte. Sie würde wahrscheinlich mit Leidenschaft behaupten, daß es nicht im geringsten darauf ankomme, welche Art Kinder wir haben, oder wie wenig oder wie viel, wenn sie nur legitim sind. Auch daß es nicht im geringsten darauf ankäme, was für Erwachsene wir hätten, wenn sie nur verheiratet wären. Kein Staatsmann, der diese Bezeichnung verdient, kann auf Grund dieser Ansichten vorgehen. Er muß notwendigerweise *ein* gesundes illegitimes Kind zehn gebrechlichen legitimen vorziehen und *ein* energisches und fähiges unverheiratetes Paar einem Dutzend minderwertiger und apathischer Eheleute. Wenn bewiesen werden könnte, daß illegitime Verhältnisse je drei Kinder hervorbringen und Ehen nur je anderthalb, so müßte er notwendigerweise illegitime Verhältnisse fördern und gegen die Ehe arbeiten, ja sie sogar mit Strafen bedrohen.

Auf Grund der allgemeinen Ansicht, daß die bestehenden Eheformen nicht politische Erfindungen, sondern heilige ethische Verpflichtungen seien, welchen im Notfall alles, selbst das Fortbestehen der Menschheit, geopfert werden müsse (und darauf läuft die vulgäre Moral, zu der wir uns in dieser Hinsicht meistens bekennen, hinaus), darf keine vernünftige Regierung auch nur einen Augenblick lang handeln. Dennoch beeinflußt sie, wie man glaubt, so viele Wähler, daß keine Regierung die Ehefrage berühren will, wenn sie es vermeiden kann, – selbst wenn ein Verlangen nach Lockerung der Ehebeschränkung besteht, wie dies der Fall war bei dem eben erlassenen, lange hinausgeschobenen Gesetz, das die Ehe mit der Schwester der verstorbenen Frau erlaubt. Wenn eine Reform im gegenteiligen Sinne nötig ist (zum Beispiel die Lockerung der Scheidungsbeschränkung), so wird nicht einmal das Bestehen der unerträglichsten Härten unsere Staatsmänner zu einem Schritt bewegen, solange sich die Opfer wie Schafe unterwerfen; nehmen diese aber die Sache selbst in die Hände, so wird sogleich eine Untersuchung eingeleitet. Aber was jetzt irgendeinen Schritt in dieser Angelegenheit zur dringenden Notwendigkeit macht, sind weder die Leiden derer, die lebenslänglich an Verbrecher, Trinker, physisch ungesunde und gefährliche Gatten und an im allgemeinen wertlose und unliebenswerte Menschen gebunden sind, noch die Unmoral der Paare, die durch eine gesetzliche Trennung, welche ihre Ehe nicht auflöst, zum Zölibat gezwungen sind, sondern der Rückgang der Geburten. Die öffentliche Meinung wird uns nicht aus dieser Schwierigkeit helfen: sie wird im Gegenteil, wenn möglich, jedermann strafen, der sie erwähnt. Als Zola versuchte, Frankreich wieder zu bevölkern, indem er einen Roman zum Preis des Elterntums schrieb, war der einzige Kommentar, der hierzulande laut wurde: das Buch könne unmöglich ins Englische übersetzt werden, denn sein Thema sei unanständig.

Wäre England in seiner Vergangenheit von Staatsmännern regiert worden, die sich willig von einer der-
artigen öffentlichen Meinung hätten leiten lassen, so
wäre es schon längst von der politischen Landkarte
verschwunden. Die moderne Idee, Demokratie bedeute, daß ein Land auf Grund der Ignoranz seiner Mehr-
heiten regiert werde, ist nie verhängnisvoller, als
wenn irgendeine Frage sexueller Moral behandelt werden muß. Es ist nicht, wie einige von uns zu glauben
scheinen, Sache eines demokratischen Staatsmannes,
die Wähler davon zu überzeugen, daß er die Methoden, das gemeinsame Beste zu erreichen, nicht besser
kenne als sie. Im Gegenteil, er muß sie überzeugen,
daß er sie viel besser kennt und daher über jede mögliche Frage der Methode anderer Meinung ist als sie.
Die Pflicht des Wählers ist es, dafür zu sorgen, daß
die Regierung aus Männern besteht, denen er die Unterstützung von Einrichtungen zum Zwecke der ge-
meinsamen Wohlfahrt zutrauen kann. Diese Arbeit
verlangt hohe Geschicklichkeit. Von Leuten regiert zu
werden, die sie nicht anders anpacken, als es der Mann
auf der Straße täte, heißt »dem Ruin und dem Ver-
fall der Gesetze« direkt entgegengehen. Voltaire sag-
te, Herr Jedermann sei klüger als sonst jemand. Ob
das wahr ist oder nicht, Herrn Jedermanns Wille muß
den Ausschlag geben. Wille und Weg sind aber nicht
dasselbe. Zum Beispiel ist es der Wille des Volkes an
einem heißen Tag, daß die Mittel, welche die Wirkung der Hitze mildern, in jedermanns Bereich liegen.

Nichts könnte unschuldiger, hygienischer und für die soziale Wahlfahrt wichtiger sein. Aber die meisten Leute pflegen bei einer solchen Gelegenheit große Mengen von Bier oder, in den luxuriöseren Klassen, eingekühlten Bordeaux, Zitronensaft und ähnliches zu trinken. Um ein moralisches Bild zu verwenden: der Wille, bei der Arbeit schlechte Aufführung zu unterdrücken und Tüchtigkeit zu fördern, ist allgemein und gesund, aber die Idee, daß der beste und einzig wirksame Weg mit Klagen, Schelten, Strafen und Racheakten eingeschlagen werde, ist ebenso allgemein. Als Frau Squeers einen Abszeß auf dem Kopf ihres Schülers mit einem tintenverschmierten Federmesser öffnete, war ihre Absicht durchaus lobenswert. Ihr Herz war am rechten Fleck, und ein Staatsmann, der eingeschritten wäre, weil er die Heilung des Jungen nicht wünschte, hätte eine Anklage wegen grober Tyrannei verdient. Aber ein Staatsmann, der die Chirurgie durch Laien mit tintenverschmierten Federmessern duldete, wäre ein sehr schlechter Erziehungsminister. Im Bereich der *Methode* hat der Experte etwas zu sagen. Ich bin zwar genügend demokratisch gesinnt, um darauf zu bestehen, daß er zuerst eine repräsentative Körperschaft von Laien davon überzeugen muß, daß sein Weg der richtige und Frau Squeers' Weg der falsche sei. Dennoch möchte ich nicht, daß Sie glauben, Frau Squeers' laienhaftes Vorgehen sei richtig, weil sie der Demokratie, der Minister aber der Bürokratie angehöre. Überhaupt sollte es keiner andern Prüfung unterzogen werden als derjenigen, welche Wirkung es auf die menschliche Wohlfahrt hat.

Politische Wissenschaft bedeutet nichts anderes als die Planung der besten Maßnahmen, den Willen der Welt zu erfüllen, und, ich wiederhole, es ist eine Arbeit, die hohe Geschicklichkeit erfordert. Ist einmal der Weg entdeckt, sind die Methoden bestimmt und die ausführenden Organe vorgesehen, so ist die Arbeit des Staatsmannes getan und die des Beamten beginnt. Zum Beispiel braucht der Polizist, der den Straßenverkehr lenkt, nicht besser zu sein als die Leute, die dem Wink seiner Hand gehorchen. Jede Zusammenarbeit bringt Unterordnung und die Ernennung von Direktoren mit sich, auf deren Befehl die andern handeln. Diese brauchen dem Rest nicht überlegen zu sein, sowenig der Schlußstein eines Bogens härter zu sein braucht als die übrigen Steine. Aber wenn es sich darum handelt, die Anweisungen, denen gehorcht werden soll, zu planen, das heißt, neue Einrichtungen einzuführen und alte abzubrechen, brauchen wir die Aristokratie im Sinn der Regierung durch die Besten. Ein militärischer Staat, so organisiert, daß genau die Impulse des durchschnittlichen Soldaten in die Tat umgesetzt würden, würde kein Jahr überdauern. Das Ergebnis des Versuches, die Kirche von England zum Echo der Ideen des durchschnittlichen Kirchgängers zu machen, hat sie nur den Zwecken eines launisch-irreligiösen sozialen und politischen Klubs ausgeliefert. Die Demokratie mag, wenn es sich um das handelt, was getan werden muß, unvermeidlich sein (daher die dringende Notwendigkeit einer Demokratie von Übermenschen.)

Aber Demokratie in bezug auf *die Art*, es zu tun, heißt, die Passagiere den Zug lenken lassen; sie kann nur in Entgleisungen und in Trümmern enden. Tatsächlich gelangen wir nicht zu Reformen, indem wir die Wählerschaft Statuten entwerfen lassen, sondern indem wir sie davon überzeugen, daß ein bestimmter Minister und sein Kabinett mit genügend politischer Weisheit begabt sind, um herauszufinden, wie das gewünschte Resultat erzielt werden kann. Und die übliche Buße für die Ausnützung dieser Macht, unsere Einrichtungen zu reformieren, ist die Niederlage durch einen heftigen »Ausschlag des Pendels« bei der nächsten Wahl. Hierin liegt die Gefahr und der Ruhm demokratischer Regierungskunst. Ein Staatsmann, der sich auf populäre Gesetzgebung beschränkt – oder, vergleichsweise, ein Dramatiker, der sich auf populäre Stücke beschränkt –, ist wie ein blinder Hund, der überall dort hintrottet, wo der blinde Mann ihn hinzieht, mit der Begründung, daß beide doch an denselben Ort gelangen wollen.

Die Reform der Ehe wird also ein sehr glänzendes und sehr gefahrenreiches Abenteuer für den Premierminister sein, der sie in die Hand nimmt. Sein Bild wird an jedem Bretterzaun angeschlagen, und er selbst wird in jeder Oppositionszeitung und besonders in den Sportzeitungen als Zerstörer des Heims, der Familie, des Anstands, der Moral, der Keuschheit und zahlloser anderer Dinge gebrandmarkt werden. Alle Gemeinplätze aus der Rede des modernen Antisozialisten Nudel werden ihm entgegengeschleudert werden. Und er wird ohne das leiseste Zugeständnis an sie vorgehen müssen, indem er den Nudeln gibt, was der Nudeln ist, nämlich die Versicherung: »Ich weiß besser, wie wir unsere Ziele erreichen, als ihr.« Er wird sein politisches Leben auf den Glauben basieren, der diese Versicherung erzeugt: Dieser Glaube aber wird weitgehend von der Bestimmtheit abhängen, mit der sie gegeben wurde, und diese wiederum kann nur erreicht werden durch das Studium der Tatsachen der Ehe und durch das Verständnis für die Bedürfnisse der Nation. Und schließlich wird er einsehen, daß die frommen Gemeinplätze, in welchen er und die Wählerschaft übereinstimmen, ein völliges Auseinanderklaffen der wahren Absichten verhüllen: die seinen sind öffentlich, weitblickend und unpersönlich, diejenigen der Wählerschaft aber in hohem Maße engherzig, persönlich, eifersüchtig und korrupt. Unter solchen Umständen kann es nicht verwundern, daß die bloße Erwähnung der Ehefrage ein britisches Kabinett vor Angst

erschauern und hastig zu einer verläßlicheren Angelegenheit übergehen läßt. Immerhin kann die Reform
der Ehe nicht ewig aufgeschoben werden. Welches
werden die Punkte sein, die das Kabinett wird anpak-
ken müssen, wenn ihre Stunde schlägt?

Zuerst wird man feststellen müssen, wie viele Menschen wir im Lande brauchen. Wollen wir weniger als jetzt, so müssen wir ermitteln, um wieviel weniger; wollen wir die Verminderung durch die Fortsetzung der gegenwärtigen Sterilisationspraxis der Ehe geschehen lassen, so müssen wir festlegen, wie das Verfahren abgebrochen werden soll, wenn es genügend gewirkt hat. Wünschen wir aber die Bevölkerungsziffer auf ihrer gegenwärtigen Höhe zu halten oder sie zu steigern, so müssen wir augenblicklich Schritte unternehmen, um mäßig bemittelte Leute zu früherer Heirat und zu einer größeren Kinderzahl zu bewegen. Der Fall der sehr Armen und der sehr Reichen ist weniger dringend. Sie zeugen hemmungslos: die Reichen, weil sie es sich leisten können, und die Armen, weil sie sich die Vorsichtsmaßnahmen nicht leisten können, mit welchen die Handwerker und der Mittelstand große Familien vermeiden. Trotzdem nimmt die Bevölkerung ab, weil die hohe Geburtenziffer der sehr Armen durch eine ungeheure Kindersterblichkeit in den Elendsvierteln wettgemacht wird, während es andererseits nur wenige sehr Reiche gibt und diese durch den sich ausbreitenden Aufstand ihrer Frauen gegen übermäßiges Kindergebären – manchmal gegen jegliches Kindergebären – unfruchtbar gemacht werden. Dieser letzte Grund ist wichtig. Er kann durch keinen wirtschaftlichen Ausgleich aus der Welt geschafft werden. Würde ab morgen jede Familie mit einem Jahreseinkommen von zehntausend Pfund versehen, so würden sich trotzdem die Frauen immer hef-

tiger weigern, weiterhin bis zur Erschöpfung Kinder zu
gebären, solange viele andere überhaupt keine Kinder gebären. Selbst wenn jede Frau, die ein wertvolles
Kind gebiert und aufzieht, eine ansehnliche Serie von
Zahlungen erhielte und dadurch die Mutterschaft zu
einem wirklichen Beruf erhoben würde, wie sie es sein
sollte, so wäre die Zahl der Frauen, die fähig und willens wären, mehr Zeit ihres Lebens herzugeben, als sie
das Austragen und die Pflege von drei oder vier Kindern kostet, dennoch nicht sehr groß. Der Fortschritt in
der gesellschaftlichen Ordnung und im sozialen Gewissen, der sich in solchen Zahlungen auswirkte, brächte
nämlich auch andere Existenzmöglichkeiten für Frauen
mit sich. Und es darf nicht vergessen werden, daß die
städtische Zivilisation selbst, insoweit sie eine Evolu-
tionsmethode ist (wenn sie das nicht ist, so ist sie ganz
einfach ein Unfug), in bezug auf Zahlen einen Steri-
lisationsprozeß darstellt. Es ist schwerer, den Vorrat
an Elefanten sicherzustellen als den Vorrat an Sper-
lingen und Kaninchen, und aus demselben Grund wird
es schwerer sein, einen Vorrat hochkultivierter Menschen sicherzustellen als einen solchen von Landarbei-
tern. Die Bienen lösen diese Schwierigkeit durch ein
spezielles Fütterungssystem, das eine Königin instand
setzt, täglich viertausend Eier zu legen, während die
anderen Weibchen ihr Geschlecht überhaupt verlieren,
Arbeiterinnen werden und die Männchen in Luxus und
Müßiggang erhalten, bis die Königin ihren Partner
gefunden hat; darauf tötet ihn die Königin, und die
einstigen Weibchen töten alle übrigen. (So wenigstens
lautet der Bericht romantischer Naturforscher.)

Dieses System zeigt zweifellos eine viel höhere Entwicklung der sozialen Intelligenz als unser Ehesystem; wäre es aber physisch möglich, es in die menschliche Gesellschaft einzuführen, so würde es durch eine umgekehrte und nicht weniger wichtige Revolte der Frauen zertrümmert: die Revolte gegen obligatorische Unfruchtbarkeit. Dies betrifft zwei Arten von Frauen: solche, die zwar keinen Wunsch nach Kindern und sie zu pflegen, trotzdem aber das Gefühl haben, daß die Mutterschaft notwendig sei, um ihre psychische Entwicklung, ihre Einsicht sich selbst und andern gegenüber zu vervollständigen – und solche, die, obwohl sie unfähig sind, einen Gatten zu finden, oder nicht willens, mit einem zu leben, sich gerne mit der Heranziehung von Kindern beschäftigen würden. Meine eigene Erfahrung in der Behandlung dieser Fragen führt mich zum Glauben, daß der eine Punkt, in welchem alle Frauen sich in einem geheimen wütenden Aufstand gegen das bestehende Gesetz befinden, die Verquickung des Rechtes auf ein Kind mit der Verpflichtung ist, Dienerin eines Mannes zu werden. Adoption, oder das Erbetteln, Kaufen oder Stehlen des Kindes einer andern Frau bringt keine Abhilfe: es verschafft nicht die erhabene Erfahrung, ein Kind zu gebären. Keine politische Verfassung wird Erfolg haben noch verdienen, die die Anerkennung des absoluten Rechtes auf sexuelle Erfahrung ausschließt oder überhaupt irgendwie beeinflußt ist von der paulinischen oder romantischen Ansicht, eine solche Erfahrung sei an sich sündig. Und da diese Erfahrung in ihrem wahrsten Sinn im Fall der Frau bis zum Gebären eines Kindes gehen muß, so kann sie mit der Einwilligung in die Ehe mit dem Vater des Kindes nur vereint werden, wenn die Vielweiberei legalisiert wird; denn es gibt mehr erwachsene Frauen als Männer im Lande. Obwohl nun im größten Teil des britischen Weltreiches Vielweiberei herrscht und hier so gut wie in Indien durchgeführt werden kann, läßt sich eine ganze Menge dagegen sagen und noch mehr dagegen fühlen. Wir wollen jedoch für einen Augenblick unsere Gefühle beiseite stellen und die Frage politisch betrachten.

Die Zahl der Frauen, die einem einzigen Mann erlaubt sind, und die Zahl der Männer, die eine Frau haben darf, ist kein ethisches Problem: sie hängt einzig von der Proportion der Geschlechter innerhalb der Bevölkerung ab. Würden infolge eines großen Krieges drei Viertel der Männer in diesem Land getötet, so wäre es unumgänglich notwendig, die mohammedanische Möglichkeit der Ehe eines Mannes mit vier Frauen einzuführen, um die Bevölkerungsziffer wiederherzustellen. Der eigentliche Grund dafür, daß Frauen ihr Leben nicht in Schlachten aufs Spiel setzen dürfen und daß ihnen bei allen gefährlichen Vorfällen als ersten die Möglichkeit der Flucht vorbehalten ist – kurz, daß ihr Leben als wertvoller denn das männliche Leben behandelt wird – ist nicht im geringsten ein ritterlicher Grund, obwohl die Männer alledem in der Illusion der Ritterlichkeit zustimmen mögen. Es ist ganz einfach notwendig, denn wenn ein großer Prozentsatz der Frauen getötet oder verkrüppelt würde, so könnte keine Neuordnung des Ehegesetzes die Entvölkerung und den daraus entstehenden politischen Ruin des Landes aufhalten, weil eine Frau mit mehreren Männern weniger Kinder gebiert als eine Frau mit nur einem Mann; ein Mann aber kann so viele Familien hervorbringen, als er Frauen hat. Die natürliche Grundlage der Einrichtung der Einehe hängt nicht mit einer Lasterhaftigkeit zusammen, die der Vielweiberei oder Vielmännerei an sich innewohnen würde, sondern mit der harten Tatsache, daß Männer und

Frauen in ungefähr gleicher Zahl geboren werden. Unglücklicherweise töten wir so viele männliche Kinder in ihrer frühen Jugend, daß uns ein Überfluß an erwachsenen Frauen bleibt, groß genug, um unsere Aufmerksamkeit zu beanspruchen, aber nicht groß genug, um jedem Mann zwei Frauen zu erlauben. Wäre das auch zahlenmäßig möglich, so hätten wir eine wirtschaftliche Schwierigkeit zu überwinden. Ein Kaffer ist entsprechend der Anzahl seiner Frauen reich, weil die Frauen die Broterwerber sind. Aber in unserer Zivilisation werden die Frauen nicht für ihre soziale Arbeit bezahlt, die im Gebären und Aufziehen der Kinder und im Führen des Haushaltes besteht, sondern sie sind von den Einnahmen ihrer Männer abhängig. Bei uns könnten sich wenigstens vier von fünf Männern nicht zwei Frauen leisten, ohne daß ihr Salär annähernd verdoppelt werden müßte. Wäre es in diesem Fall nicht ratsam, die unbeschränkte Vielweiberei zu erproben, damit das andere Fünftel so viele Frauen haben könnte, als es sich leisten kann? Wir wollen die Auswirkungen einer solchen Lösung betrachten.

Die Erfahrung zeigt, daß Frauen sich der Vielweiberei, wenn sie üblich ist, nicht widersetzen, im Gegenteil, sie sind ihre glühendsten Befürworter. Der Grund ist leicht zu finden. Die Frage, wie sie die Frau in der Praxis beantworten muß, lautet: Ist es besser, einen zehntklassigen Mann allein oder aber ein Zehntel eines erstklassigen Mannes zu besitzen? Ersetzt man das Wort Mann durch das Wort Einkommen, so hat man die Frage, wie sie sich der abhängigen Frau in wirtschaftlicher Hinsicht stellt. Die Frau, deren Instinkte mütterlich sind, die sich vor allem vorzügliche Kinder wünscht, wird nicht zögern. Sie würde, wenn nötig, lieber von einem Manne den tausendsten Teil annehmen, der *ein* Mann unter Tausenden wäre, als daß sie einen verhältnismäßig kümmerlichen Schwächling ganz allein für sich hätte. Es ist der verhältnismäßig kümmerliche Schwächling, dem durch die Vielweiberei die Frau genommen würde, der sich einer solchen Lösung widersetzt. So waren es nicht die Frauen von Salt Lake City, noch überhaupt die Frauen Amerikas, die die mormonische Vielweiberei bekämpften. Es waren die Männer. Und das war natürlich. Andererseits widersetzen sich die Frauen der Vielmännerei, weil diese die besten Frauen instand setzt, alle Männer mit Beschlag zu belegen, gerade wie die Vielweiberei die besten Männer instand setzt, alle Frauen für sich in Anspruch zu nehmen. Deshalb gehen alle unsere gewöhnlichen Männer und Frauen in der Verteidigung der Einehe konform; die Männer, weil sie die Vielweiberei ausschließt, und die Frauen, weil sie die Vielmännerei ausschließt. Die Frauen an und für sich würden die Vielweiberei dulden. Die Männer an und für sich würden die Vielmännerei dulden. Aber die Vielweiberei würde eine ganze Menge von Männern, und die Vielmännerei eine ganze Menge von Frauen der Ehelosigkeit der Vernachlässigten aussetzen. Daher der Widerstand, welchen jeder Versuch, die unbeschränkte Vielweiberei einzuführen, nicht von seiten der Besten, sondern von seiten der Mittelmäßigen und Unterdurchschnittlichen zu gewärtigen hat. Gelänge es uns, unsere Unterdurchschnittlichen loszuwerden und das durchschnittliche Niveau so hoch zu steigern, daß Mittelmäßigkeit keinen Vorwurf mehr darstellte und jeder Mann vernünftigerweise als Vater in Betracht käme und jede Frau vernünftigerweise als Mutter begehrenswert wäre, so würden Vielmännerei und Vielweiberei augenblicklich aufrichtig verabscheut. Denn die Einehe ist so viel bequemer und wirtschaftlicher, daß niemand seinen Mann oder seine Frau würde mit andern teilen wollen, wenn er (oder sie) einen genügend guten Partner für sich allein haben könnte. So scheint es, daß die Knappheit an Männern und Frauen erster Qualität die Ursache ist, die die Frauen zur Vielweiberei und die Männer zur Vielmännerei führt, und würde dieser Knappheit abgeholfen, so würde die Einehe in dem Sinne, daß nur ein Gatte oder eine Gattin auf einmal erlaubt wären (Möglichkeiten des Wechsels sind wieder etwas anderes), als befriedigend empfunden.

Man kann sich fragen, warum die Völker, bei welchen die Vielweiberei üblich ist, nicht allmählich der
Einehe zutreiben wie die Heiligen der Letzten Tage
von Salt Lake City. Wir brauchen die Antwort
nicht lange zu suchen: ihre Vielweiberei ist beschränkt.
Unter dem mohammedanischen Gesetz kann ein
Mann nicht mehr als vier Frauen heiraten, und
unter dem ungeschriebenen Gesetz der Notwendigkeit kann kein Mann mehr Frauen erhalten, als
er sich leisten kann, so daß also ein Mann mit vier
Frauen in Asien eine ebenso große Ausnahme darstellt wie in Europa ein Mann mit einem Reitpferd
oder einer Luxuslimousine; dies, obwohl wir ja so
viel Reitpferde und Luxuslimousinen haben dürfen,
als wir bezahlen können. Die kulinische Vielweiberei,
obwohl unbeschränkt, ist keine wirklich populäre Einrichtung: ein Angehöriger einer hohen Kaste mag einen andern Angehörigen einer höchst erhabenen Kaste bezahlen, damit dieser seine Tochter für einen Augenblick zu einer seiner sechzig oder siebzig Frauen
macht, die er gerade hat; dadurch wird das Blut der
Großkinder veredelt. Aber diese Mode einer kleinen
und äußerst snobistischen Klasse fällt nicht als allgemeiner Präzedenzfall ins Gewicht. Auf jeden Fall heiraten die Männer und Frauen im Osten nicht einfach
irgend jemand, der ihnen zusagt, wie in England und
Amerika. Die Frauen halten sich abgesondert, und die
Ehen werden vermittelt. In Salt Lake City konnte

die freie, unabgesonderte Frau den fähigsten Mann der Gemeinschaft sehen und treffen und ihn mit allen Künsten, die den Frauen der englischsprechenden Länder zur Verfügung stehen, verlocken, sie zu seiner zehnten Frau zu machen. Keine Frau des Ostens kann etwas Ähnliches tun. Der Mann hat allein alle Initiative, aber er hat keinen Zugang zur Frau. Außerdem ist, wie wir gesehen haben, die Schwierigkeit, die von der männlichen Ungebundenheit herrührt, nicht die Vielweiberei, sondern die Vielmännerei, welche nicht erlaubt ist.

Infolgedessen müssen wir die Vielweiberei, wenn sie ein Erfolg werden soll, beschränken. Wenn wir zwei Frauen auf einen Mann haben, so dürfen wir einem Mann nur zwei Frauen erlauben. Das ist einfach, aber unglücklicherweise ist unsere wirkliche Proportion ungefähr die folgende: $1^1/11$ Frauen auf einen Mann. Man kann nun natürlich nicht fordern, daß jeder Mann $1^1/11$ Frauen für sich haben dürfe, oder daß jede Frau, die keinen Mann für sich allein findet, sich zwischen elf bereits verheirateten Männern aufteile. So gibt es für uns keine Lösung durch Vielweiberei. Es gibt überhaupt keinen Ausweg aus dem gegenwärtigen System, das die überflüssigen Frauen zur Unfruchtbarkeit verurteilt, als daß die Kinder der Frauen, die mit deren Vater nicht verheiratet sind, als rechtmäßig anerkannt werden.

Das Recht, Kinder zu gebären, ohne einen Mann zu heiraten, könnte aber nicht auf Frauen beschränkt werden, die in der Berechnung auf Grund der Einehe überflüssig erscheinen. Es besteht die praktische Schwierigkeit, daß, obwohl es in unserer Bevölkerung ungefähr eine Million überflüssiger Frauen gibt (wenn man die Einehe als Basis der Berechnung annimmt), es dennoch ganz unmöglich ist, von irgendeiner erstbesten unverheirateten Frau zu sagen, sie gehöre zu den Überflüssigen. Und es besteht eine prinzipielle Schwierigkeit. Das Recht, ein Kind zu gebären – vielleicht das heiligste aller Frauenrechte –, dürfte überhaupt keinen Bedingungen unterworfen sein, außer der Rücksicht auf die Wohlfahrt der Menschheit. Es gibt viele Frauen von bewundernswertem Charakter, stark, fähig und selbständig, die die häuslichen Gewohnheiten von Männern nicht mögen, die keine natürliche Neigung haben, sie zu bemuttern und zu verhätscheln, und die die Einräumung ehelicher Rechte irgend jemand gegenüber unter irgendwelchen Bedingungen als unvereinbar mit ihrer Selbstachtung empfinden. Dennoch erkennt der Gemeinsinn der Gesellschaft in diesen Frauen die fähigsten Personen zur Beaufsichtigung von Kindern und vertraut ihnen, wenn sie für solche Arbeit zu haben sind, als Schullehrerinnen und Lenkerinnen von Instituten mehr als Frauen einer andern Art. Warum sollte diesen Frauen, als Preis für ihr Recht auf Mutterschaft, die Annahme eines Gatten aufgezwungen werden? Ich bin völlig außerstande, diese Frage zu beantworten. Ich sehe, daß eine ganze Menge erstklassiger mütterlicher Fähigkeit an Bienen und Geflügel, Dorfschulen und Landspitäler verschwendet wird, und ich frage mich immer wieder unwillkürlich, warum dieser wertvolle Charakterzug in der nationalen Rasse unfruchtbar bleiben sollte. Unglücklicherweise sind gerade die Frauen, die wir zum Besten der Menschheit zur Mutterschaft verlocken sollten, diejenigen, die zu allerletzt ihre diesbezüglichen Dienste ihrem Lande aufdrängen würden. Plato wies längst darauf hin, wie wichtig es ist, von Männern regiert zu werden, die genügend Verantwortlichkeitssinn und Verständnis für öffentliche Pflichten besitzen, um das Regierungsamt nur mit Zögern zu übernehmen. Dennoch haben wir uns seine Lehren so wenig zu Herzen genommen, daß wir gegenwärtig heftig an einer Regierung durch Männer leiden, die sich zu allen niedrigen Wahlkniffen herablassen und alle hohen Kosten einer Wahl auf sich nehmen, um nur ja einen Sitz im Parlament zu haben. Aber unseren Sentimentalisten ist noch nicht erklärt worden, daß sich auf die Mutterschaft genau dasselbe anwenden läßt wie auf die Regierungskunst. Die besten Frauen sind nicht diejenigen, die von ihren primitiven Instinkten so versklavt sind, daß sie Kinder gebären, gleichgültig, wie hart die Bedingungen sind, sondern gerade diejenigen, die ihre Dienste sehr hoch bewerten und durchaus bereit sind, alte Jungfern zu werden, wenn ihr Preis zu hoch befunden wird, – und die sogar Gott danken, daß sie entwischt sind. Unsere demokratischen und ehelichen Einrichtungen mögen ihre Vorteile haben: auf jeden Fall sind sie meistens Reformen von etwas noch Schlechterem; aber sie setzen in bestimmten, sehr wichtigen Angelegenheiten eine Belohnung aus auf den Mangel an Selbstachtung, und die Folge ist, daß wir schlecht regiert und, im großen ganzen, eine häßliche, gemeine, übel gezüchtete Rasse sind.

Wir wollen jedoch bei aller Sympathie für die überflüssigen Frauen nicht vergessen, daß ihre Kinder ebensogut Väter wie Mütter haben müssen. Wer sollen ihre Väter sein? Alle Anhänger der Einehe und alle verheirateten Frauen werden sich beeilen zu antworten: Junggesellen oder Witwer. Diese Lösung wird so viel taugen wie irgendeine andere, denn es wäre Heuchelei vorzugeben, daß die Schwierigkeit praktischer Natur sei. Nichtsdestoweniger werden die Anhänger der Einehe, wenn sie gebührend nachgedacht haben, darauf hinweisen, daß die überflüssigen Frauen, wenn es genug Witwer gäbe, ja gar nicht überflüssig wären. Und deshalb wäre nicht einzusehen, warum die Beteiligten nicht wie andere Leute in allen Ehren heiraten sollten. Und sie würden in diesem Falle recht haben, wenn die Ursachen nur im Bereich von Zahlen lägen, das heißt, wenn jede Frau willens wäre, einen Gatten zu nehmen, falls man einen für sie fände, und jeder Mann unter denselben Umständen willens, eine Frau zu nehmen; außerdem – das darf nicht vergessen werden – wenn die Witwen ehelos blieben, um den unverheirateten Frauen eine Chance zu geben. Diese »wenn« werden sich nicht erfüllen. Wir müssen einsehen, daß es zwei Arten alter Jungfern gibt; erstens, die wirklich überflüssigen Frauen, und zweitens, die Frauen, die Mutterschaft ablehnen, wenn sie nur unter der Bedingung der (für sie) unerträglichen ehelichen Verbindung mit einem Manne möglich ist. Von beiden Arten dürfen wir vielleicht im Augenblick den großen Prozentsatz der Frauen abziehen, die sich die Extraauslagen für ein oder mehrere Kinder nicht leisten könnten. Ich sage »vielleicht«; denn es ist keineswegs sicher, daß innerhalb vernünftiger Grenzen Mütter nicht einen tüchtigeren Existenzkampf führen und nicht im großen ganzen ein reicheres Leben haben als alleinstehende Frauen. Auf jeden Fall stehen wir zwei deutlich verschiedenen Fällen gegenüber; den Überflüssigen und den Freiwilligen. Und es sind die Freiwilligen, an denen uns am meisten liegt, deren Intelligenz wir fortpflanzen sollten. Aber auch hier können wir nicht mit dem Finger auf irgendeinen besonderen Fall weisen und denjenigen Fräulein Robinsons als überflüssig, denjenigen Fräulein Wilkinsons aber als freiwillig bezeichnen. Ob wir das Kind der unverheirateten Frau gegenüber den Überflüssigen als Pflicht oder gegenüber den Freiwilligen als Köder legitim werden lassen, das praktische Ergebnis muß dasselbe bleiben: nämlich, daß die Bedingung der Ehe, die jetzt mit der legitimen Elternschaft verknüpft ist, allen Frauen erlassen wird und fruchtbare außereheliche Verhältnisse von der Gesellschaft anerkannt werden. Nun würden aber die Folgen natürlich nicht damit ihr Ende finden. Die charaktervollen Damen, die entschlossen sind, Herrinnen in ihrem eigenen Haus zu sein, würden nicht die einzigen bleiben, die das neue Gesetz ausnützen. Selbst Frauen, für die ein Heim ohne einen Mann überhaupt kein Heim wäre und die durchaus beabsichtigen würden, mit dem Mann, falls er sich als der richtige erwiese, genau so zu leben, wie Eheleute es tun, würden jedes Interesse daran haben, die neuen Bedingungen anstatt der alten anzuwenden: wenn sie nämlich materiell unabhängig wären. Nur die Frauen, deren einzige Existenzmöglichkeit die Ehe wäre, würden auf ihr bestehen; so entstünde eine Tendenz, die Ehe mehr und mehr zu einem der Gebräuche zu machen, die den Armen von der Notwendigkeit aufgezwungen werden. Die freiere Form des Verhältnisses aber – zweifellos geordnet durch verschiedenartige Abkommen und Privatverträge – würde bei den Reichen üblich, das heißt, sie würde Mode werden. An diesem Punkt angelangt, würde nichts als die Erreichung der wirtschaftlichen Unabhängigkeit durch die Frau, welche schon jetzt klar in Sichtweite ist, die Ehe gänzlich verschwinden lassen – nicht durch formelle Abschaffung, sondern einfach durch Nichtbenützung. Das Privatvertrag-Stadium dieses Vorganges ist im alten Rom erreicht worden. Die einzige praktisch mögliche Alternative dazu scheint eine solche Ausdehnung der Scheidung, daß sie die Gefahren und Verpflichtungen der Ehe weit genug herabmindert, um sie nicht schlimmer zu machen als diejenigen der Alternativen zur Ehe. Wie wir sehen werden, ist dies die Lösung, zu welcher alle Argumente hinstreben. Mittlerweile muß man zugeben, daß ein Staatsmann sehr viel Ursache hat zu zögern, ehe er sich in eine Einrichtung hineinmischt, die, so unerträglich ihre Nachteile sind, überall in Stücke zu zerfallen droht, wenn ein einziger ihrer Fäden zerschnitten wird. Ibsens Gleichnis vom maschinengenähten Kettenstich, der beim ersten Zug den ganzen Saum auflöst, wenn ein einziger Stich aufgerissen wird, läßt sich sehr leicht auf den Knoten der Ehe anwenden.

Aber ehe wir uns dadurch abhalten lassen, das geheiligte Gewebe zu berühren, müssen wir ermitteln, ob es nicht bereits überall in Stücke zerfällt, infolge der dauernden Überbeanspruchung durch die Umstände. Ohne Zweifel: wäre es alles, was es zu sein vorgibt, und arbeitete die menschliche Natur reibungslos innerhalb seiner Grenzen, so wäre weiter nichts zu sagen; es würde in Ruhe gelassen, wie es in den gröberen Stadien der Zivilisation immer in Ruhe gelassen wird. Aber im Augenblick, wo wir uns den Tatsachen zuwenden, entdecken wir, daß die ideale Ehe und Häuslichkeit, welche die Frömmler uns anflehen als Eckpfeiler unserer Gesellschaft zu bewahren, eine Fiktion ist. Was wir in Wirklichkeit haben, ist etwas ganz anderes: fragwürdig im besten Fall und abscheulich im schlimmsten. Das Wort rein, das von gedankenlosen Leuten so oft darauf angewendet wird, ist widersinnig, denn wenn sie nicht das Zölibat damit meinen, so meinen sie nichts, und wenn sie tatsächlich das Zölibat damit meinen, dann ist die Ehe die legalisierte Unreinheit, – ein Schluß, der abstoßend und unmenschlich ist. Die Ehe als Tatsache gleicht der Ehe als Ideal nicht im geringsten. Täte sie das, so hätten die plötzlichen Änderungen, die auf dem Kontinent erfolgten – die unauflösliche römisch-katholische Ehe wurde zu einer Ehe, die in Frankreich durch eine Ohrfeige, in Deutschland durch eine Beleidigung oder in Schweden einfach auf Wunsch beider Parteien aufgelöst werden kann, ganz zu schweigen von den Experimenten einiger amerikanischer Staaten – die Gesellschaft von Grund auf erschüttert. Sie haben aber tatsächlich so wenig Wirkung gehabt, daß die Engländer erstaunt die Augen aufsperren, wenn sie von ihrem Dasein erfahren.

Was das tatsächliche Wesen der Ehe betrifft, so hätte man gerne Beweise anstatt Vermutungen; da aber alle Abweichungen vom Ideal als entehrend angesehen werden, können keine Beweise herbeigeschafft werden. Denn wenn die ganze Gemeinschaft unter Anklage steht, will niemand für den Staatsanwalt zur Zeugenbank gehen. Einige Vermutungen können wir mit ziemlichem Vertrauen wagen. Zum Beispiel, wenn man gegen jede Änderung einwendet, daß unsere Junggesellen und Witwer dann keine Galahads mehr wären, so können wir ohne Übertreibung und Zynismus antworten, viele von ihnen seien auch jetzt keine Galahads, und die einzige Änderung bestünde darin, daß die Heuchelei nicht mehr obligatorisch wäre. Das ist überhaupt kaum eine »Vermutung«: die Beweise liegen auf der Straße. Wenn wir aber versuchen, die Wahrheit über unsere Ehen zu ermitteln, so dürfen wir nicht einmal Vermutungen wagen. Ich selber kann sagen, daß ich die wahre Geschichte von vielleicht einem halben Dutzend Ehen kenne. Jeder Familienanwalt kennt mehr, aber selbst wenn seine Praxis noch so groß ist, weiß ein Familienanwalt nichts von den Millionen Familien, die keine Anwälte haben und die trotzdem die Ehe zu dem machen, was sie wirklich ist. Und was immer er sagen kann, ist schließlich nicht mehr, als was ich sage: nämlich, daß keine Ehe, von der ich irgend etwas weiß, der idealen Ehe im geringsten ähnelt. Ich will nicht behaupten, daß sie schlechter ist – sie ist einfach anders. Außerdem ist die Gesellschaft weit davon entfernt, in der Verteidigung ihres Ideals so eifersüchtig und unerbittlich einig zu gehen, daß der kleinste Schritt über den geraden Weg hinaus Bloßstellung und Ruin bedeutet – im Gegenteil, es ist beinahe unmöglich, durch irgendeine übertrieben schlechte Aufführung die Gesellschaft zu bewegen, ihre unerschütterlich simulierte Blindheit aufzugeben: außer man tut eines der beiden verhängnisvollen Dinge. Das eine besteht darin, daß man in die Zeitung kommt – das andere in einem Geständnis. Wenn man ehrbaren Männern und Frauen sein schlechtes Benehmen eingesteht, so müssen sie sich entweder von einem lossagen, oder praktisch zu Helfershelfern werden; deshalb sind sie so wütend auf den, der gesteht. Wenn man in die Zeitung kommt, so können die andern unmöglich mehr vorgeben, sie wüßten nichts. Ich sage aber kaum zuviel damit, daß man im Hinblick auf die Nachbarn sozusagen tun kann, was einem gefällt, wenn diese zwei Gefahren vermieden werden. Und da wir uns kaum schmeicheln dürfen, daß dies die Wirkung christlicher Nächstenliebe ist, so wird es schwierig, dem Verdacht auszuweichen, daß unsere außerordentliche Duldsamkeit, wenn es ans Steinewerfen geht, diejenige des bekannten Gleichnisses von der Ehebrecherin ist, die mit einem frühen, ins Johannes-Evangelium hineingeschmuggelten Freidenker erwischt wurde; wir leben nämlich alle in Glashäusern. Wir können also annehmen, daß der ideale Gatte und die ideale Gattin keine wirklicheren Wesen sind als die Cherubim. Möglicherweise hält die breite Mehrheit ihr Ehegelübde im technischen Sinn, wie er bei Scheidungsprozessen in Betracht kommt. Kein Ehemann, keine Ehefrau wurde je geboren, der oder die es in idealem Sinne halten könnten.

In Wahrheit scheinen die Menschen bei dieser Angelegenheit zu übersehen, daß die Trauungsliturgie als Zauberspruch, der mit einem Schlag die Natur der Beziehungen zweier Menschen zueinander verwandeln soll, wirkungslos ist. Wenn ein Mann eine Frau nach dreiwöchiger Bekanntschaft heiratet und am Tag darauf einer Frau begegnet, die er seit zwanzig Jahren kennt, so findet er manchmal zu seiner eigenen unvernünftigen Überraschung und zur ebenso unvernünftigen Entrüstung seiner Frau, daß seine Frau eine Fremde ist und die andere Frau eine alte Freundin. Auch kann man keinen Hokuspokus mit Ringen, Schleiern, Gelübden und Segnungen erfinden, der die Zuneigung eines Mannes oder einer Frau auch nur zwanzig Minuten lang festlegt, geschweige denn für zwanzig Jahre. Selbst das liebevollste Paar muß Augenblicke kennen, in denen es sich der gegenseitigen Fehler viel bewußter ist als der gegenseitigen Anziehung. Es gibt Paare, die gegeneinander während ein paar Stunden eine wütende Abneigung empfinden, es gibt Paare, die einander dauernd nicht leiden mögen, und es gibt Paare, die niemals Abneigung gegeneinander empfinden; diese letzteren sind aber Menschen, die unfähig sind, überhaupt irgend jemanden zu verabscheuen. Wenn sie nicht streiten, ist nicht ihr Verheiratetsein daran schuld, sondern die Tatsache, daß sie nicht streitsüchtig veranlagt sind. Streitsüchtige Menschen zanken sich mit ihren Gatten und Gattinnen genauso leicht wie mit ihren Dienstboten, Verwandten und Bekannten: die

Ehe macht keinen Unterschied. Wer spricht, schreibt und Gesetze erläßt, als könnte all dies durch feierliche Gelübde, daß es nicht geschehen solle, verhindert werden, ist entweder unaufrichtig, geistesgestört oder hoffnungslos dumm. Vertragliche Verpflichtungen, eine bestimmte Handlung auszuführen oder auf sie zu verzichten, haben einigen Sinn, wenn solche Handlungen vernünftigerweise willensmäßig beherrscht werden können. Solche Verträge sind aber nur nötig, um sich gegen die Möglichkeit zu verwahren, daß eine der beiden Parteien die darin festgelegte Handlung nicht länger auszuführen oder auf sie zu verzichten wünscht. Wer aber einen Vertrag, nicht nur etwas zu tun, sondern sogar es gerne zu tun, vorschlüge oder einginge, würde als geistesgestört bezeichnet. Dennoch traut der populäre Aberglaube der Trauungsliturgie die Macht zu, unsere Neigungen fürs ganze Leben selbst unter den unnatürlichsten Bedingungen festzulegen.

Es ist nötig, auf diese Punkte einiges Gewicht zu legen, weil wenige sich das Ausmaß vergegenwärtigen, bis zu welchem wir in unserem Glauben gehen, die Ehe sei der kürzeste Weg zur vollkommenen und dauerhaften Vertrautheit. Aber es gibt einen Glauben, der noch viel weniger verwirklicht werden kann und daher widerlegt werden muß, ehe die Diskussionen über die Ehe mit den Tatsachen des Lebens in irgendwelche Berührung kommen können. Dieser Glaube besteht darin, daß die besonderen Beziehungen, zu welchem die Ehe zwischen den beiden Parteien berechtigt, die vertrauteste und persönlichste der menschlichen Beziehungen sei und alle andern hohen menschlichen Beziehungen in sich einschließe. Dies ist nun äußerst unwahr. Jeder Erwachsene weiß, daß die fragliche Beziehung zwischen vollkommen Fremden, verschieden in Sprache, Farbe, Geschmack, Stand, Zivilisation, Moral, Religion, Charakter – überhaupt in allem außer ihrer körperlichen Angehörigkeit zur Menschheit und dem Fortpflanzungsdrang, der allen lebenden Organismen innewohnt – bestehen kann und besteht. Selbst Haß, Grausamkeit und Verachtung sind nicht damit unvereinbar. Eifersucht und Mord sind ihr ebenso nahe wie liebevolle Freundschaft. Zwar ist diese Beziehung für unerfahrene Leute mit wild übertriebenen Illusionen verbunden, und selbst die erfahrensten Menschen haben nicht immer genügend Fähigkeit zur Analyse, um von ihr die positiven oder negativen Gefühle loszulösen, die durch andere Beziehungen entstehen, Beziehungen, welche entweder zwangsläufig durch unser Gesetz oder romantisch gefühlsmäßig damit verknüpft sind. Aber die Tatsache bleibt, daß die verheerendsten Ehen diejenigen sind, die ausschließlich auf ihr gegründet wurden, und die erfolgreichsten diejenigen, in denen sie am wenigsten berücksichtigt wurde und in welcher die entscheidenden Überlegungen mit dem Geschlecht nichts zu tun hatten: zum Beispiel Zuneigung, Geld, Übereinstimmung des Geschmacks, Ähnlichkeit der Gewohnheiten, Standesgemäßheit, usw.

Ohne Zweifel ist es unter den bestehenden Umständen für eine mittellose Frau nötig, sexuell anziehend zu sein, weil sie sich verheiraten muß, um sich eine Existenz zu sichern; und die Illusionen, welche der sexuellen Anziehung anhaften, veranlaßt die Phantasie junger Männer, sie mit jeder Fähigkeit und Tugend zu bedenken, die eine Frau zu einer Kostbarkeit machen. Da solchermaßen die Anziehung beständig und rücksichtslos als Köder verwendet wird, sowohl von Individuen als auch von der Gesellschaft, so wird jeder Diskussion, die sie von ihren Illusionen befreien und ihre wirkliche Naturgeschichte bloßlegen will, nervös ausgewichen. Aber nichts könnte wohl für jedermann ungesünder sein als die Übertreibung und Verherrlichung einer instinktiven Funktion, welche die Vernunft verdüstert und das Urteil mehr verwirrt als alle anderen Instinkte zusammengenommen. Der Vorgang mag angenehm und romantisch sein; die Folgen sind es nicht. Es wäre für jedermann besser und dazu weit ehrlicher, wenn junge Menschen gelehrt würden, daß das, was sie Liebe nennen, ein Appetit ist, der wie alle andern Appetite mit seiner Befriedigung augenblicklich erlischt; daß keine Versicherung, kein Versprechen und kein Vorschlag, welche unter seinem Einfluß gemacht wurde, irgend jemand binden sollte, und daß sein großer natürlicher Zweck die persönlichen Interessen eines Individuums oder selbst von zehn Generationen von Individuen so weit übersteigt, daß man es als Schändung und sogar als eine Art Gotteslästerung betrachten sollte, wenn ein Versuch gemacht wird, damit zu rechnen und eine persönliche Vergütung für seine Befriedigung zu verlangen – ob auf gesetzlichem Wege oder nicht. Laßt diesen Appetit ruhig Gegenstand von Verträgen mit der Gesellschaft sein, soweit seine Folgen in Betracht fallen; es ist aber weder tugendhaft noch würdig noch anständig, aus der Ehe ein offenes Geschäft damit zu machen, wobei Geld, Kost und Unterkunft, persönliche Sklaverei, Gelübde ewiger, ausschließlicher persönlicher Sentimentalitäten und alles übrige als Preis figurieren. Kein Gatte hat je sein häusliches Glück und seine Ehre dadurch gesichert, daß er sich darauf verließ, noch ist dies je einer Frau gelungen. Keine privaten Ansprüche irgendwelcher Art sollten darauf gegründet sein. Wirkliche Ehrensache ist es aber, keinen korrupten Vorteil daraus zu ziehen. Wenn wir von jungen Frauen hören, die auf Abwege geführt wurden, und ähnlichem, so kommen wir darauf, daß das, was sie auf diese Abwege geführt hat, eine fleißig eingehämmerte falsche Auffassung ist: nämlich, die Beziehung, die einzugehen sie verlockt werden, sei so intensiv persönlich und die Gelübde, die unter dem Einfluß ihres vergänglichen Zaubers geleistet wurden, so heilig und beständig, daß nur ein grauenhaft gottloser Mann sie mit Gleichgültigkeit behandeln oder vergessen könne. Mehr noch, dieselben phantastischen Irrtümer sind den Männern eingeprägt; die gewissenhaftesten fühlen sich aus Gründen der Ehre verpflichtet, zu dem zu stehen, was sie versprochen haben. Somit ist es eine der sichersten Methoden, einen Mann zu bekommen, daß man seine empfindlichen Stellen so lange bearbeitet, bis er sich entweder zu einem Eheversprechen, für das er sich gesetzlich verantworten muß, hinreißen läßt, oder zu einer Unbesonnenheit, die er durch die Ehe wiedergutmachen muß, ansonst er sich selbst als Schurke und Verführer vorkommen und außerdem damit rechnen muß, daß die Verwandten der Dame ihr möglichstes tun werden, ihn zu schädigen.

Eine solche Transaktion ist nicht ein Eintreten in den »heiligen Stand der Ehe«: sie ist ebensooft die Einweihung einer lebenslänglichen Zänkerei, eines sich verhärtenden Grolls, der mehr Elend und Charakterverderbnis verursacht als ein Dutzend durchaus natürlicher »Verrätereien« und »Treulosigkeiten«. Dennoch muß die Zahl der Ehen, die mehr oder weniger auf diese Weise zustandekamen, ungeheuer sein. Wenn die Leute sagen, daß die Liebe frei sein sollte, so mögen ihre Worte, buchstäblich genommen, töricht sein; sie sind nur der sehr ungenaue Ausdruck eines sehr wirklichen Bedürfnisses nach der Loslösung der sexuellen Beziehungen von einer Menge ungeheuerlicher und nicht dazugehöriger Bedingungen, die ihnen unter falschen Vorwänden aufgezwungen sind, damit bedürftige Eltern ihre Töchter »unter die Haube« bringen und die bereits Verheirateten wirksam in gegenseitiger Sklaverei halten können.

Daß die Ehe auf den Überlegungen gegründet ist, die
der heilige Paulus im siebenten Kapitel seines Briefes
an die Korinther mit kaltem Abscheu anstellte – er
hielt sie nur deshalb für notwendig, weil die meisten
Männer ihm unähnlich seien – hatte unter anderm zur
Folge, daß die sexuelle Sklaverei, die darin eine Rolle
spielt, durch wirtschaftliche Sklaverei kompliziert
wird. Deshalb kämpft die Frau, wenn der Mann die
Ehe verteidigt, um in Wirklichkeit sein Vergnügen zu
verteidigen, sogar noch heftiger auf derselben Seite,
weil sie in Wirklichkeit dabei ihre einzige Existenzmöglichkeit verteidigt. Eine Frau ohne Besitz und ohne
Talente, die ihr Geld einbringen können, braucht einen Gatten nötiger als ein Hund seinen Herrn. Es gibt
nichts, was unseren Sinn für menschliche Würde mehr
verletzt als die Jagd nach einem Mann, die in jeder
Familie beginnt, wenn die Töchter heiratsfähig werden. Aber unter den bestehenden Umständen ist sie
unvermeidlich, und die Eltern, die sich weigern, sich
damit zu befassen, sind schlechte Eltern, obwohl vielleicht überlegene Individuen. Die Jungen einer huma-
nen Tigerin würden verhungern: die Töchter von
Frauen, die sich nicht dazu bringen können, mehrere
Jahre ihres Lebens der Eroberung von Schwiegersöh-
nen zu widmen, müssen das heikle Gebaren ihrer
Mütter oft mit lebenslänglicher Ehelosigkeit und Be-
dürftigkeit büßen. Einen jungen Mann nach seinen
Absichten zu fragen, wenn man weiß, daß er keine
hat, aber nicht in der Lage ist zu leugnen, daß er der

Tochter den Hof gemacht hat; gerichtliche Anklage wegen Bruchs des Eheversprechens anzudrohen; vorzugeben, daß die Tochter musikalisch sei, wenn ihr eben mit größter Schwierigkeit drei verhaßte Klavierstücke eingedrillt worden sind; die eigenen reifen Reize spielen zu lassen, um Männer ins Haus zu locken, wenn die Töchter für diese Sportart keine Fähigkeit haben; wenn die Männer da sind, die Töchter in den Künsten zu üben, durch welche die Männer dazu gebracht werden, sich zu kompromittieren; schließlich alle Skelette sorgfältig im Familienschrank verschlossen zu halten, bis die Beute erjagt und eingesteckt ist: in all diesem besteht die Pflicht einer heutigen Mutter, und es ist eine wahrhaftig abstoßende Pflicht, eine, die den konventionellen Glauben, daß die Frau in der treuen Erledigung der häuslichen Pflichten ihre Selbstachtung finde, erledigt. In Wahrheit wird das Familienleben niemals anständig, geschweige denn veredelnd sein, bis dieses Erzübel, nämlich die Abhängigkeit der Frauen von den Männern, abgeschafft wird. Im Augenblick führt es den Unterschied zwischen Ehe und Prostitution auf den Unterschied zwischen Gewerkschaftspolitik und unorganisierter Gelegenheitsarbeit zurück: einen ungeheuren Unterschied ohne Zweifel, was Ordnung und Bequemlichkeit angeht, aber keinen Unterschied des Wesens.

Diesem Zustand kann jedoch nicht durch irgendeine Reform der Ehegesetze abgeholfen werden. Nur das allgemeine Bestreben zur Verhütung der Armut gibt die Möglichkeit, Frauen vom obligatorischen Verkauf ihrer Person, in der Ehe oder außerhalb der Ehe, zu

befreien. Mittlerweile sollten diejenigen, die sich spe-
ziell mit den Ehegesetzen beschäftigen, niemals auch
nur einen Augenblick den Greuel vergessen, der »die
Rose von der schönen Stirn einer unschuldigen Liebe
pflückt und eine Blatternarbe dafür hinsetzt« – und
sich dann in aller Ruhe die Namen Reinheit, Heim,
Mutterschaft, Ehrbarkeit, Anstand und alle schönen
Bezeichnungen beilegt, die ihm passen, ganz zu schweigen von den häßlichen Ausdrücken, die er ungehemmt
denen zuschleudert, die sich seiner schämen.

Unglücklicherweise hält es sehr schwer, einen Durchschnittsbürger zu bewegen, in Angelegenheiten, die sich auf die persönliche Bequemlichkeit oder Aufführung auswirken, irgendeinen unpersönlichen Standpunkt einzunehmen. Wir können begeisterte Liberale oder Konservative sein ohne jegliche Hoffnung auf einen Sitz im Parlament, auf die Erhebung in den Ritterstand oder auf einen Regierungsposten, weil die Parteipolitik unser tägliches Leben nicht im geringsten berührt und uns daher nichts kostet. Aber einen lebenswichtigen Prozeß, in dem wir stark beteiligte persönliche Instrumente sind, aufzugreifen und von uns zu verlangen, daß wir darüber nachdenken, bestimmte Gefühle darüber haben und Gesetze darüber erlassen: das bedeutet, eine höhere Forderung zu stellen als die meisten Menschen zu erfüllen fähig scheinen. Wir alle haben an der Ehe ein persönliches Interesse, das wir nicht zu begraben bereit sind. Nicht nur die Frauen wollen sich verheiraten, sondern auch die Männer – manchmal aus gefühlsbestimmten Gründen und manchmal auf Grund der schmutzigeren Berechnung, daß das Junggesellentum weniger bequem ist und teurer zu stehen kommt, da ja eine Ehefrau für ihren Stand mit ihrer Arbeit im Haus wie auch mit den andern Diensten, die von ihr erwartet werden, bezahlt. Heutzutage, wo Kinder vermieden werden können, wird diese Berechnung allgemeiner und bewußter angestellt als früher: und dies Ergebnis gilt als »ständiger Fortschritt der allgemeinen Moral«.

Unpersönlichkeit heißt nicht wahlloser sexueller Verkehr

Es besteht außerdem ein erstaunlich verbreiteter Aberglaube, daß der sexuelle Instinkt beim Mann sich völlig wahllos auswirke und daß die leiseste Lockerung von Gesetz und Sitte einen wilden Ausbruch von Ausschweifungen zur Folge hätte. Soweit unsere Moralisten den Vorschlag, wir sollten die sexuelle Beziehung als unpersönlich behandeln, begreifen, meinen sie, das heiße, wir sollten sie zur Wahllosigkeit ermutigen: deshalb weichen sie davor zurück. Aber Wahllosigkeit und Unpersönlichkeit sind nicht dasselbe. Noch nie verliebte sich ein Mann in das ganze weibliche Geschlecht, noch eine Frau in das ganze männliche. Oft verlieben wir uns überhaupt nicht, und wenn, so in *einen* Menschen, und bleiben dann tausend anderen gegenüber, die täglich vor unseren Augen vorbeigehen, gleichgültig. Die Auswahl, sogar wenn sie derart heikel getroffen wurde, daß die Leute, wie es allgemein vorkommt, sagen, es gäbe nur einen Mann oder nur eine Frau in der Welt für sie, ist in der Natur die Regel. Wer daran zweifelt, möge einen Laden mit Ansichtskarten eröffnen und dann, wenn eine verliebte Kundin das Bild ihres Lieblingsschauspielers oder ein Kunde dasjenige seiner Lieblingsschauspielerin verlangt, ein anderes Bild zu verkaufen suchen mit der Begründung, ein Bild sei so gut wie das andere, da ja der sexuelle Instinkt nicht wähle. Ich glaube nicht, daß ein Verkäufer je so etwas Törichtes versucht hat, und doch werden alle Verkäufer, sobald man die Ehe diskutiert, leidenschaftlich gegen jede Reform Stellung nehmen, in der Meinung, daß nichts als der strengste Zwang ihre Frauen und Töchter vor völlig unterschiedsloser Vergewaltigung schützen würde.

Unsere Erleichterung über die beruhigend moralische Tatsache, daß der Mann in seiner Liebe nicht wahllos ist, darf uns der gegenteiligen Tatsache gegenüber nicht blind machen, daß der Mann einigermaßen die Abwechslung liebt. Selbst diejenigen, die sagen, es gebe für sie auf der Welt nur einen Mann oder eine Frau, machen die Erfahrung, daß es nicht immer derselbe Mann oder dieselbe Frau ist. Zufällig erlaubt uns das Gesetz, dieses Phänomen bei völlig gesetzesfürchtigen Personen zu studieren. Ich kenne eine Frau, die fünfmal verheiratet war. Sie ist, wie zu erwarten war, eine weise, anziehende und interessante Frau. Die Frage ist nur: ist sie weise, anziehend und interessant, weil sie fünfmal verheiratet war, oder war sie fünfmal verheiratet, weil sie weise, anziehend und interessant ist? Die Wahrheit liegt wahrscheinlich auf beiden Seiten. Ich kenne auch einen Haushalt, der aus drei Familien besteht: A heiratete zuerst B, dann C, und dieser nachher D. Alle drei Ehen waren fruchtbar, so daß die Kinder sowohl Vater als Mutter gewechselt haben. Ich kann mit bestem Willen nicht sagen, daß dieser und ähnliche Fälle mich davon überzeugt hätten, daß den Leuten eine Abwechslung nicht guttue. Die Frau, die fünf Männer heiratete und sich mit ihnen vertrug, muß darin viel mehr Erfahrung haben als die fanatischsten Anhängerinnen der Einehe, und als Gefährtin und Ratgeberin übertrifft sie sie wahrscheinlich weit. Kiplings Frage: Was wissen die von England, die nur England kennen? erledigt nicht nur die Patrioten, die so patriotisch sind, daß sie niemals ihr eigenes Land verlassen, um sich ein anderes anzusehen, sondern auch Bürger, die so häuslich sind, daß sie sich nie wieder verheiratet und nie wieder jemand anders geliebt haben als ihre eigenen Männer und Frauen. Die häuslichen Dogmenreiter sind auch die langweiligen Leute. Die unpersönliche Geschlechtsbeziehung mag rechtlich einer Person vorbehalten sein. Jeder solche Vorbehalt ist aber, wenn es sich um Freundschaft, Zuneigung, Bewunderung, Sympathie handelt, nur einer erbärmlich engen und eifersüchtigen Natur möglich, und weder die Geschichte noch die zeitgenössische Gesellschaft weist einen einzigen liebenswürdigen und ehrenhaften Charakter auf, der dessen fähig wäre. Dies wurde in kultivierter Gesellschaft immer anerkannt: deshalb beschuldigen die Armen die kultivierte Gesellschaft der Liederlichkeit –, sie selbst nämlich sind oft so unwissend und unkultiviert, daß sie einander nichts zu bieten haben außer der geschlechtlichen Beziehung, und nicht begreifen können, warum Männer und Frauen zu irgendeinem andern Zweck miteinander verkehren sollten.

Was die Kinder des dreifachen Haushaltes angeht, so standen sie nicht nur auf ausgezeichnetem Fuß miteinander und dachten nie an einen Unterschied zwischen ihren richtigen und ihren Halbbrüdern und -schwestern, sondern sie besaßen die überlegenen gesellschaftlichen Fähigkeiten, die Menschen, welche in Gemeinschaften leben, vor denen auszeichnen, die in kleinen Familien leben.

Daraus ergibt sich, daß der Wechsel von Partnern

nicht an sich schädlich oder unerwünscht wäre. Die Menschen werden davon nicht demoralisiert, wenn er innerhalb des Gesetzes stattfindet. Daher brauchen wir vor einer Abänderung des Gesetzes nicht deshalb zurückzuschrecken, weil sie solche Wechsel erleichtern würde.

Andererseits haben wir alle schon gesehen, wie die Bande der Ehe von Menschen, welche nie in die Kategorie von Xanthippen und gewalttätigen Ehemännern eingereiht werden, entsetzlich mißbraucht werden. Manchmal werden solche Leute sogar als Muster der Häuslichkeit hingestellt, weil sie weder trinken noch spielen, noch ihre Kinder vernachlässigen, noch Schmutz und Unordnung dulden, und weil sie nicht liebenswert genug sind, um sogenannte liebenswerte Schwächen zu haben. Diese gräßlichen Personen sind der Ansicht, daß die Ehe sie von allen üblichen Höflichkeiten und Rücksichten, die sie unter Fremden oder, wie sie es nennen, »in Gesellschaft«, zu beobachten haben, losspreche. Und hier zeigen sich die Wirkungen der unauflöslichen »Ehe-auf-Gedeih-und-Verderb« sehr deutlich und unangenehm. Wenn solche Menschen ihre häuslichen Manieren in die Gesellschaft mitbrächten, so fänden sie sich sehr bald ohne einen Freund oder auch nur Bekannten auf der Welt. Es gibt Frauen, die wegen totaler Nichtanwendung die Macht der freundlichen menschlichen Rede verloren haben und nur schelten und klagen können – es gibt Männer, die aus alter Gewohnheit brummen und nörgeln, selbst dann, wenn sie sich wohlfühlen. Aber ihre unglückseligen Ehepartner und Kinder können ihnen nicht davonlaufen.

Mehr noch, sie sind selbst vor dem Unbehagen geschützt, das dem Gefängniswärter die Abneigung seiner Gefangenen einträgt. Die herkömmliche Ansicht, daß die natürliche Beziehung zwischen Mann und Frau und Eltern und Kindern eine intensive Zuneigung sei, und daß nur ein Ungeheuer gegenüber einem Mitglied der Familie ein anderes Gefühl hegen könne, übt eine hypnotische Wirkung aus. Unter dem Einfluß derart fabrizierter Empfindungen werden die abscheulichsten Menschen zeitlebens mit unverdienter Ehrfurcht, mit Gehorsam und sogar mit Zuneigung verwöhnt, und wenn sie sterben, so werden sie von denen betrauert, deren Leben sie mut- oder böswillig unglücklich gemacht haben. Und das nennen wir natürliches Betragen. Nichts könnte wohl unnatürlicher sein. Die Bekennung einer solchen Ansicht zeigt, daß die Unauflöslichkeit der Ehe dermaßen unerträgliche Lebenslagen schafft, daß der Schein nur gewahrt werden kann, wenn die menschliche Phantasie mit einer hypnotischen Suggestion völlig unnatürlicher Gefühle veredelt wird.

Wenn die sentimentale Theorie der Familienbeziehungen schlechte Manieren, persönliche Nachlässigkeit und Unsauberkeit im Haus fördert, so fördert sie im Fall sentimentaler Menschen auch die Gewohnheit, die Zuneigung der Kinder vorzeitig und viel zu häufig auf die Probe zu stellen und mit ihr zu spielen. Die Frau, die sagt, ihre Religion sei die Liebe und ihre Kinder müßten daher in einer liebevollen Atmosphäre aufwachsen, und die ein System fleißiger Liebkosungen und eingelernter Handlungen künstlicher Güte einführt, wird vielleicht in einer großen Familie besiegt durch die gesunde Auflehnung und Verspottung von seiten der Kinder, die durch ihre gegenseitigen Konflikte abgehärtet worden sind und gesunden Menschenverstand erworben haben. Aber kleine Familien, wie sie jetzt die Regel sind, unterliegen leichter, und im Fall des einzigen empfindsamen Kindes kann die Wirkung einer erzwungenen Treibhausatmosphäre unnatürlicher Liebe verheerend sein.

Kurz, in jeder Hinsicht ist die Konvention, daß Ehe- und Familienbeziehungen besondere, die Natur des menschlichen Verkehres ändernde Gefühle hervorbringe, schädlich. Die ganze Schwierigkeit, eine Familie gut zu erziehen, besteht darin, ihre Mitglieder zu bewegen, sich zu Hause ebenso rücksichtsvoll zu benehmen wie bei einem Besuch in einem fremden Haus, und in einem fremden Haus so frei, freundlich und zwanglos wie zu Hause. Im Mittelstand, wo die Absonderung der künstlich begrenzten Familie in ihrer kleinen Backsteinschachtel entsetzlich vollkommen ist, gedeihen schlechte Manieren, häßliche Kleider, Plumpheit, Feigheit, mürrische Laune und alle die kleinlichen Laster der Ungeselligkeit wie Pilze in einem Keller. In den höheren Ständen, wo die Familien nicht aus Geldgründen beschränkt werden mußten, wo wenigstens zwei Häuser und manchmal drei oder vier die Regel sind (die Klubs nicht eingerechnet), wo es Reisen und Hotelleben gibt und wo die Männer nicht in der Familie, sondern in vornehmen Schulen, Universitäten, zur See und beim Militär erzogen werden und außerdem durch den gesellschaftlichen Verkehr in den Häusern anderer Leute in ständiger Übung bleiben, ist das Ergebnis eine Clique, die wir als eine vom Mittelstand verschiedene und viel gesellschaftsfähigere Abart betrachten müssen. Und in den allerärmsten Klassen, wo die Menschen kein Zuhause haben, sondern nur von Mietern überfüllte Schlafstätten, und die daher praktisch auf der Straße leben, entsteht ebenfalls Gesellschaftsfähigkeit. So bleibt der Mittelstand wegen seiner hilflosen und anstößigen gesellschaftlichen Unfähigkeit sowohl von denen verachtet und verabscheut, die unter ihm, als von denen, die über ihm stehen – und bleibt dennoch unwissend genug, um auf sich stolz zu sein und sich selbst als Muster für die Besserung der, wie er findet, elegant lasterhaften Reichen und der liederlichen Armen hinzustellen.

Ohne daß ich beanspruchen wollte, das Thema erschöpft zu haben, habe ich doch genug gesagt, um klarzulegen, daß, sobald wir den Wunsch nach der Verteidigung unserer gegenwärtigen Ehe- und Familieneinrichtungen aufgeben, es nicht schwerfallen wird, eine überwältigende Anklage gegen sie zu erheben. Ohne Zweifel werden wir bis dahin das britische Heim als Allerheiligstes im Tempel der ehrenhaften Mutterschaft, der unschuldigen Kindheit, der männlichen Tugend und des süßen und gesunden Nationallebens feiern. Aber im geschickten Handumdrehen kann dieses Allerheiligste als Augiasstall bloßgestellt werden, so schmutzig, daß es hoffnungsvoller scheint, ihn niederzubrennen, als einen Versuch zur Reinigung zu machen. Und diese letztere Ansicht wird vielleicht überhandnehmen, wenn die Vergötterer der Ehe darauf bestehen, alle Verbesserungsvorschläge abzuweisen und diejenigen, welche sie befürworten, als infame Verbrecher zu behandeln. Keine der beiden Ansichten ist von Nutzen, außer als vergifteter Pfeil in einer wütenden Schlacht zwischen zwei Parteien, die entschlossen sind, einander zu diskreditieren, damit sie die Macht des gesetzlichen Zwanges übereinander erlangen können.

Um einen solchen Kampf zu vermeiden, öffnet man am besten den gedankenlos konventionellen Menschen die Augen über die Schwäche ihrer Stellung bei einem bloßen Wettkampf der gegenseitigen Beschuldigungen. Bis jetzt glauben sie im Vorteil zu sein, ohne einen Fleck auf ihrem Charakter. Sie erscheinen auf dem Schlachtfeld, um gegen Lüstlinge zu kämpfen, die jeglichen Charakters entbehren. Sie halten es für ihre Pflicht, mit Dreck zu werfen, und sie sind sicher, daß, wenn der Feind irgendwelchen Dreck zum Schmeißen auftreiben kann, nichts davon kleben bleibt. Sie irren sich. Solche Munition wird es im andern Lager massenhaft geben, und das meiste davon wird sehr zähe kleben bleiben. Die Moral davon ist: »Schmeiß nicht mit Dreck!« Wenn wir uns vorstellen, daß Shelley und Königin Viktoria in einer andern Welt über ihre Meinungsverschiedenheiten diskutieren, so können wir sicher sein, daß die Königin schon längst herausgefunden hat, daß sie die Frage nicht lösen kann, indem sie Shelley mit Georg iv. als schlechten Menschen in einen Topf wirft; und Shelley wird sie wahrscheinlich nicht mit häßlichen Namen bewerfen, mit der Begründung, es gebe, da die wirtschaftliche Abhängigkeit der Frau die Ehe zu einem Kaufvertrag mache, wobei der Mann der Käufer und die Frau die Ware ist, keinen wesentlichen Unterschied zwischen einer verheirateten Frau und einer Dirne. Unglücklicherweise sind aber nicht alle Menschen, deren Methoden im Streit von unsern populären Zeitungen vertreten werden, Königinnen Viktorias und Shelleys. Eine große Menge hat, wenn ihre Vorurteile angegriffen werden, keinen andern Trieb, als den Angreifer zu beschimpfen, und, wenn die Masse auf ihrer Seite zu stehen scheint, ihn persönlich zu mißhandeln oder ihn dem Gesetz zu übergeben, wenn er dadurch verwundbar ist. Daher kann ich nicht sagen, ich sei sicher, daß die Ehefrage anständig und tolerant behandelt werde. Aber behandelt wird sie werden, anständig oder unanständig, denn der gegenwärtige Zustand in England ist auf die Dauer zu drückend und zu schädlich. Europa und Amerika sind uns auf diesem Gebiet um ein Jahrhundert voraus.

Die politische Verselbständigung der Frau wird wahrscheinlich zu einer verhältnismäßig einschneidenden gesetzlichen Erzwingung der sexuellen Moral führen. Deshalb haben so viele von uns davor Angst, und daher werden wir uns bald überlegen müssen, wie unsere sexuelle Moral beschaffen sein soll. Im Augenblick wird zwischen Laster und Verbrechen ein lächerlicher Unterschied gemacht, damit die Männer ungestraft lasterhaft sein können. So wird zum Beispiel Ehebruch jetzt nicht direkt verfolgt, obwohl er manchmal scharf bestraft wird, indem ein Mann, gegen den er begangen wurde, bei der Scheidung riesigen Schadenersatz verlangen kann. Wenn die Frau der leidende Teil ist, so wird die Sache anders angesehen. Und diese Straflosigkeit erstreckt sich auf illegitime Verhältnisse zwischen unverheirateten Personen, wenn diese alt genug sind, über sich selbst zu bestimmen. Es gibt andere Punkte, zum Beispiel die Pflicht, auf ansteckende Krankheiten aufmerksam zu machen, und die Strafbarkeit der »Anlockung«, in denen sich das Gesetz einseitig gegen das weibliche Geschlecht richtet. Verstöße, die zu Zeiten, an die sich heute lebende Personen erinnern, noch als kapitale Verbrechen galten, wenn sie sich gegen Frauen außerhalb der Ehe richteten, können noch jetzt von den Männern gegen ihre Ehefrauen begangen werden, ohne daß sich eine gesetzliche Abhilfe böte. In all diesen Punkten wird das Gesetz durch das Frauenstimmrecht verschärft werden – wenn das Stimmrecht den mindesten Wert hat. Als Ergebnis werden die Männer die Erfahrung machen, daß die asketischere Seite unserer sexuellen Moral vom Gesetz ernst genommen wird. Die Folgen sind leicht vorauszusehen. Kein Mann wird sich große Mühe geben, Gesetze, die er umgehen kann, oder solche, die entweder gar nicht oder nur den Frauen gegenüber angewendet werden, zu ändern. Wenn aber diese Gesetze ihn beim Kragen packen und ihn ins Gefängnis werfen, so übt er plötzlich scharfe Kritik an ihnen und an den Argumenten, die zu ihren Gunsten sprechen. Wir haben ja gesehen, daß unsere Ehegesetze keiner Kritik gewachsen sind und daß sie sich nur so lange gehalten haben, weil sie unserm Gesellschaftszustand roh angepaßt sind, – einer Gesellschaft, in welcher die Frau weder politisch noch persönlich frei ist, in der sie tatsächlich nur weiblich genannt wird, wenn sie sich selbst als ein Wesen betrachtet, das ausschließlich zum Gebrauch der Männer da ist. Wenn der Liberalismus ihr das politische Stimmrecht gibt und der Sozialismus sie wirtschaftlich unabhängig macht, so wird sie dem Gesetz nicht länger erlauben, Unmoral leichtfertig zu behandeln. Männer und Frauen werden gleichermaßen gezwungen sein, sich in geschlechtlichen Angelegenheiten moralisch aufzuführen; und wenn sie einsehen, daß dies unvermeidlich ist, so werden sie die Frage stellen, welches Benehmen eigentlich als moralisch bezeichnet werden könne. Wenn sie sich für unsere gegenwärtige fiktive Moral entschließen, so werden sie ihre Gewohnheiten jäh umstürzen müssen und tatsächlich werden, was sie jetzt nur zu sein vorgeben. Wenn sie andererseits einsehen, daß dies eine unerträgliche Tyrannei sei, ohne auch nur die Entschuldigung der Gerechtigkeit oder gesunder Eugenik, so werden sie ihre Moral einer eingehenden Betrachtung unterziehen und das Gesetz umformen.

Die Einehe hat eine gefühlsbetonte Grundlage, die sich von der politischen, dem Gleichgewicht der beiden Geschlechter, deutlich unterscheidet. Gleichzahl von Männern und Frauen wäre durchaus vereinbar mit einem täglichen oder stündlichen Wechsel des Partners. Physisch unterscheidet nichts die menschliche Gesellschaft von einem Bauernhof, außer daß die Kinder mehr Mühe machen und teurer zu stehen kommen als Küken und Kälber und daß Männer und Frauen nicht so völlig versklavt sind wie das Vieh eines Bauernhofs. Daher befinden sich die Menschen, die unter der Ehe einen Bauernhof oder ein Sklavenhaus verstehen, immer mehr oder weniger in einem Zustand der Panik, daß die leiseste Lockerung der Ehegesetze die Gesellschaft vollkommen demoralisieren würde. Diejenigen aber, für welche die Ehe eine Angelegenheit entwikkelterer Gefühle und Bedürfnisse ist (manchmal nennt man sie spezifisch menschlich, obwohl Vögel und Tiere in freiem Zustand sie ebenso rührend aufweisen wie wir), sind viel liberaler, denn sie wissen, daß die Einehe für sich selbst sorgen wird, wenn die Parteien frei genug sind, einzusehen, daß wahlloser sexueller Verkehr ein Ergebnis der Sklaverei, nicht aber der Freiheit ist.

Die feste Grundlage ihres Vertrauens ist die Tatsache, daß die Beziehung, die durch eine glückliche Ehe entsteht, so intim ist und das ganze Leben der beiden Beteiligten derart durchdringt, daß niemand in seinem Leben Platz hat für mehr als eine solche Beziehung auf einmal. Was ein Haushalt zu dritt genannt wird, ist niemals wirklich ein Haushalt zu dritt, außer in dem Sinne, daß jeder Haushalt zu einem Haushalt zu dritt wird, wenn ein Kind geboren wird, und manche werden auf diese Weise zu Haushalten zu dritt oder zu vierzehnt, wenn die Ehe so fruchtbar ist. Das Band der Ehe bedeutet zweifellos für manche Menschen so wenig, daß es ebenso möglich schiene, einem Haushalt ein halbes Dutzend neuer Frauen oder Männer hinzuzufügen, wie ein halbes Dutzend Gouvernanten oder Privatlehrer oder Besucher oder Diener. Ein Sultan kann ebenso leicht fünfzig Frauen haben, wie er fünfzig Schüsseln auf seinem Tisch hat, weil er in unserem Sinn des Wortes überhaupt keine Ehefrauen hat, noch haben seine Frauen einen Gatten –, kurz, er ist nicht, was wir einen verheirateten Mann nennen. Es gibt auch in England Sultane und Sultaninnen und Serails, und sie bestehen unter englischen Formen. Wenn wir aber die wirkliche moderne Ehe des Gefühls betrachten, so wird dadurch eine Beziehung geschaffen, die meines Wissens noch niemals von drei Personen geteilt wurde, außer wenn alle drei einander außerordentlich schätzten. Nehmen wir als Beispiel den berühmten Fall von Nelson und Sir William und Lady Hamilton. Das Geheimnis dieses Haushaltes zu dritt lag nicht nur darin, daß sowohl ihr Mann wie auch Nelson Lady Hamilton ergeben waren, sondern daß sie sichtlich auch einander ergeben waren. Als Hamilton starb, scheinen Nelson und Emma beide gleich ehrlich getrauert zu haben. Wenn es einen erfolgreichen Haushalt zu dritt mit einem Mann und zwei Frauen gibt, so ist dieselbe ungewöhnliche Bedingung erfüllt: die beiden Frauen können nicht nur ohne den Mann nicht glücklich leben, – sie können auch einander nicht entbehren. In jedem andern Fall, den ich selbst gesehen oder durch Erzählen anderer kennengelernt habe, mißglückte das Experiment hoffnungslos: einer der beiden Rivalen um die wirklich intime Zuneigung des dritten drängt den andern unvermeidlich hinaus. Die verdrängte Partei mag die Lage hinnehmen und im Haus als Freund bleiben, um den Schein zu wahren oder zum Besten der Kinder oder aus wirtschaftlichen Gründen; eine solche Ordnung der Dinge hat jedoch nur Bestand, wenn der verhinderten Beziehung kein wirklicher Wert mehr zugemessen wird. Diese Gleichgültigkeit ist aber, wie das dreifache Band der Zuneigung, das Sir William Hamilton Halt gab, so selten, daß sie bei der Errichtung einer konventionellen Ehemoral nicht ins Gewicht fällt. Daher sind vernünftige und erfahrene Leute immer der Ansicht, daß eine Liebeserklärung an die Adresse einer schon verheirateten Person die Parteien auf Ehre verpflichtet, einander nie wiederzusehen, außer wenn sie Scheidung und Wiederverheiratung in Betracht ziehen. Und das ist eine gesunde Konvention, selbst für unkonventionelle Leute. Ich will dies mit dem Beispiel eines fiktiven Falles erläutern, und zwar den meines eigenen Stückes »Candida«. Er wird so viel taugen wie irgendein anderer. Hier verliebt sich ein junger Mann, der im Haus eines Pfarrers als Freund empfangen wurde, in dessen Frau. Da

er jung und unerfahren ist, gibt er seinen Gefühlen
Ausdruck und stellt die Behauptung auf, daß er, nicht
der Pfarrer, der passende Partner für die Frau sei. Der
Pfarrer, der Temperament besitzt, fühlt sich erst versucht, den Burschen mit körperlicher Gewalt hinaus-
zuwerfen: ein vielleicht natürlicher Impuls, aber vulgär und ungehörig und, bei einiger Überlegung, einem
anständigen Mann nicht möglich. Selbst gemeine und
rücksichtslose Männer schrecken davor zurück, weil sie
wissen, daß die Sympathie der Frau sich zwangsläufig dem Opfer der physischen Brutalität zu- und vom
Tyrannen abwendet; – die Idee Thackerays, die das
Gegenteil behauptet, ist eine der Illusionen literari-
scher Männlichkeit. Außerdem ist der Gatte nicht un-
bedingt der stärkere Mann – und wenn zur Gewalt
gegriffen wurde, so wurde der Gatte in der poetischen
Gerechtigkeit des konventionellen Romanes ebensooft schändlich geschlagen wie der Rivale. Was ein
ehrbarer und vernünftiger Mann tut, wenn in seinen
Haushalt eingebrochen wird, ist das, was Pfarrer Ja-
mes Mavor Morell in meinem Stück tut. Er sieht ein,
daß, genau wie es in der heilig-intimen Beziehung ge-
fühlsbetonter Häuslichkeit, die die Ehe für ihn ist,
keinen Platz für zwei Frauen gibt, es auch in der Beziehung zu seiner Frau nicht Platz für zwei Männer
gibt. Dementsprechend sagt er ihr mit Festigkeit, sie
müsse wählen, welcher Mann den Platz, der nicht
groß genug für zwei ist, besetzen soll. Er ist soweit
klug und unkonventionell, um einzusehen, daß er,
wenn sie den andern Mann wählt, Platz machen muß
– ohne Rücksicht auf legale Bande. Aber er weiß, ei-

ner von beiden muß gehen. Und eine vernünftige Frau würde ebenso handeln. Wenn eine romantische junge Dame in ihr Haus käme und ihren Gatten, von ihr geduldet, anbeten wollte, so würde sie sagen: »Mein Mann hat in seinem Leben nicht Platz für zwei Frauen: entweder gehen Sie aus dem Haus oder ich.« Die Situation ist durchaus nicht unwahrscheinlich; ich hätte beinahe gesagt, durchaus nicht ungewöhnlich. Junge Damen und Herren in dem bleichsüchtigen Zustand einer sogenannten ersten Liebe, welche mit verheirateten Paaren in den gefährlichen Zeiten des reifen Lebens verkehren, befinden sich ziemlich oft in dieser Lage, und die äußerste Behutsamkeit stolzer und empfindsamer Menschen, auf ehelichen Rechten zu bestehen oder sich zur Eifersucht herabzulassen, läßt den bedrohten Gatten oder die Gattin zögern, ehe sie Schritte unternimmt und das offensichtlich Übliche tut. Aber ob sie zögern oder handeln, das Ergebnis ist immer dasselbe. In einer wirklichen Gefühlsehe können weder Mann noch Frau zur Hälfte verdrängt werden, und eine solche Ehe wird sehr rasch unter dem Druck der Vielweiberei oder Vielmännerei zusammenbrechen. Es ist gegenwärtig nötig, daß diese Tatsache genügend klargelegt wird, um in solchen Fällen rasches und entscheidendes Handeln ohne falsche Scham davor, konventionell zu scheinen, sicherzustellen (eine Scham, welcher Menschen, die einer solchen wirklichen Ehe fähig sind, besonders leicht unterliegen). Wir brauchen außerdem ein vernünftiges Scheidungsgesetz, damit die Ehe aufgelöst werden kann und die Parteien, wenn sich dies als die richtige Lösung erweist, in allen Ehren neue Verbindungen eingehen können, ohne Schande und ohne Skandal. Ich muß hier wiederholen, daß kein Gesetz, so einschneidend es auch sein mag, die Polygamie bei jenen Menschengruppen verhindern kann, welche gerne ein lockeres Leben führen und nur zum Schein monogam sind. Aber solche Fälle gehören nicht in diesen Zusammenhang. Außerdem können sich, wie es scheint, liebevolle Gatten wie Samuel Pepys und liebevolle Gattinnen von entsprechender Veranlagung außerhalb des Hauses in vorübergehende Gelegenheitsabenteuer einlassen, ohne dadurch ihr häusliches Leben zu zerstören. Aber innerhalb des Hauses darf dieses Leben als von Natur aus monogam betrachtet werden. Es braucht nicht gegen Polygamie geschützt zu werden, es schützt sich selber.

Dies alles spielt bei der Frage der Scheidung eine wichtige Rolle. Die Reformatoren der Scheidung sind von der Ungerechtigkeit, die einer Frau verbietet, sich von ihrem Gatten wegen Ehebruches scheiden zu lassen, ihm aber diese Macht über sie einräumt, so in Anspruch genommen, daß sie leicht das dringende Bedürfnis nach der Zulassung anderer und viel wichtigerer Scheidungsgründe übersehen. Nehmen wir ein Dokument wie das Tagebuch von Samuel Pepys, so erfahren wir, daß eine Frau einen unverbesserlich treulosen Gatten haben kann und doch in viel besserer Lage ist, als wenn sie einen launischen, mürrischen oder boshaft sarkastischen hätte, oder lebenslänglich an einen Verbrecher, einen Trinker, einen Geistesgestörten, einen müßigen Vagabunden oder an einen Menschen gebunden wäre, dessen religiöser Glaube dem ihren widerspräche. Man stelle sich vor, daß man mit einem Lügner, einem Pumpgenie, einem Intriganten, einem Tier- oder Kinderquäler oder einfach einem Langweiler verheiratet ist. Man vergegenwärtige sich, was es heißt, lebenslänglich an einen jener vollkommen »treuen« Männer gebunden zu sein, die hin und wieder zu einem Monat Gefängnis verurteilt werden, weil sie ihre Frauen bei der Geburt eines Kindes ohne Nahrung, Heizung oder Hilfe ließen. Welche Frau würde nicht viel lieber zehn Pepyse heiraten, welcher Mann nicht lieber ein Dutzend Nell Gwynnes? Ehebruch sollte niemals der erste und einzige Scheidungsgrund sein, viel vernünftiger wäre es, ihn zum letzten zu machen oder ihn ganz auszuschließen. Das heutige Gesetz ist nur dann durchaus logisch, wenn man ein für allemal (und das kann kein anständiger Mensch) seine Voraussetzung als richtig hinnimmt: daß es nämlich zwischen Mann und Frau keine Kameradschaft gebe, weil die Frau ein eigenes Gebiet habe, das des Haushaltes, in welches der Mann sich nicht einmischen solle, während die ganze übrige menschliche Tätigkeit sein Gebiet sei, – wobei der einzige Punkt, an welchem sich die beiden Gebiete berühren, die Sorge für den Bevölkerungszuwachs wäre. Auf Grund dieser Annahme verlangt der Mann natürlich eine Garantie, daß die Kinder die seinen seien, weil er das Geld für ihren Unterhalt aufzubringen hat. Die Möglichkeit, sich von einer Frau wegen Ehebruchs scheiden zu lassen, ist diese Garantie. Die Frau jedoch braucht keine solche Garantie, um gegen einen gleichen Betrug von seiner Seite geschützt zu sein, weil er keine Kinder gebären kann. Ohne Zweifel kann er das Geld, das er für ihre Kinder ausgeben sollte, für eine andere Frau und ihre Kinder ausgeben, aber das ist »Pflichtvergessenheit« und fällt unter eine andere gesetzliche Kategorie. Wir müssen einsehen, daß in den Augen des Gesetzes ein Ehebruch ohne Folgen nur ein gefühlsmäßiges Ärgernis ist, während es ein ernsthaftes Vergehen bedeutet, wenn die Nachkommenschaft eines Mannes einem andern Manne aufgebürdet wird. Gewiß ist es das, aber heute ist nicht mehr die Zeit, um Gesetze auf der Voraussetzung zu begründen, daß eine Frau ihrem Mann weniger bedeutet als sein Hund, und dadurch die Grundsätze von Männern zu billigen und zu fördern, die

Fleisch für ihre Hundejungen kaufen, ihre Frauen und Kinder aber hungern lassen. Diese Grundlage ist die Strafe dafür, daß wir unsere Religion aus dem Osten geborgt haben, anstatt aus unserer westlichen Eingebung und aus unserem westlichen Gefühlsleben eine eigene Religion aufzubauen. Demzufolge glauben wir alle, daß die letzten Stunden unserer Religion geschlagen haben. Die Wahrheit aber ist, daß sie noch nicht geboren ist, obschon unser Zeitalter sichtlich damit schwanger geht. Inzwischen werden Frauen durch ihr orientalisches Sklaventum erniedrigt und ziehen diejenigen, durch welche sie erniedrigt werden, genauso erfolgreich zu sich herab wie die Männer –, und es gibt Augenblicke, in welchen es schwerhält, in unserer Ordnung des Geschlechtslebens etwas anderes zu erblicken als eine »police des mœurs«, welche das Feld für einen Wettstreit offenhält, bei welchem jedes Geschlecht das andere möglichst zu ruinieren sucht.

Jedes erträgliche westliche Scheidungsgesetz muß die psychischen Beschwerden an erste Stelle setzen und sollte sorgfältig vermeiden, irgendeinen Scheidungsgrund derart zu bevorzugen, daß eine Routine entsteht und Menschen, die einen solchen Grund haben, um der Ehre willen verpflichtet sind, ihn auszunützen. Es wird allgemein zugegeben, daß Eheleute nicht ermutigt werden sollten, eine Scheidung in einem Anfall von Launenhaftigkeit zu verlangen. Was nicht so klar erkannt wird, ist, daß sie ebensowenig ermutigt werden sollten, in Anfällen von Eifersucht die Scheidung zu verlangen, denn die Eifersucht ist bestimmt die verächtlichste und schädlichste aller Leidenschaften, welche die Gunst der Öffentlichkeit genießen. Noch viel weniger sollten Menschen, die nicht eifersüchtig sind, verpflichtet sein, sich zu benehmen, als ob sie es wären, und sich auf Duelle und Scheidungsprozesse einzulassen, in denen sie gar keinen Erfolg zu haben wünschen. Man sollte auch die Gründe, aus welchen eine Scheidung verlangt oder gewährt wird, nicht veröffentlichen. Dies würde nämlich die einzige Möglichkeit vernichten, welche die Öffentlichkeit hat, um sich zu vergewissern, daß jeder erdenkliche Versuch unternommen wurde, das Paar gegen seinen Willen zum Zusammenleben zu zwingen. Daher wird ein solches Geheimhalten der Gründe erst geduldet werden, wenn wir endlich zugeben, daß der einzige und genügende Grund, um dessentwillen eine Scheidung gewährt werden soll, derjenige ist, daß die Beteiligten sie wünschen. Dann wird es keine Berichterstattung über Scheidungsfälle mehr geben, und es werden vor Gericht nicht länger Briefe verlesen werden mit einer Taktlosigkeit, die jeden feinfühligen Menschen erschauern und zurückweichen läßt wie vor einer Entweihung, und keine schmutzige oder reine Hauswäsche wird mehr in aller Öffentlichkeit gewaschen werden. Wir müssen lernen, uns in diesen Angelegenheiten um unsere eigenen zu kümmern und nicht unsere individuellen Auffassungen über Schicklichkeit einander aufzuzwingen. Dies selbst dann, wenn wir so weit gehen müssen, offen zuzugeben, was wir jetzt gezwungen sind, schweigend vorauszusetzen, nämlich, daß jeder Mensch ein Recht auf sexuelle Erfahrung und das Gesetz sich nur mit der Elternschaft zu befassen hat, was wieder etwas anderes ist.

Die Frage, die einem Scheidungskandidaten niemals gestellt werden soll, ist die Frage: »Warum«. Wenn ein Mann sich an eine Behörde wendet um Schutz vor jemandem, der ihn zu töten droht, und als einfache Begründung anführt, daß er zu leben wünscht, so könnte ihn die Behörde ganz vernünftig fragen, warum er zu leben wünsche und warum man die Person, die ihn töten möchte, nicht gewähren lassen solle. Auch, ob er beweisen könne, daß ihm sein Leben Vergnügen mache oder für irgend jemand anders von Vorteil sei, und ob es gut für ihn sei, dazu ermutigt zu werden, daß er die Wichtigkeit seiner kurzen Spanne in diesem Jammertal übertreibe, anstatt sich ständig bereit zu halten für die Begegnung mit seinem Gott.

Der einzige Grund, warum diese sehr gewichtigen Fragen nicht aufgeworfen werden, besteht darin, daß wir die menschliche Gesellschaft nur auf der Voraussetzung verwirklichen können, daß jeder Mensch ein natürliches Recht zu leben hat. Außer seiner eigenen Weigerung, dieses Recht bei anderen zu achten, kann nichts die Gemeinschaft dazu bewegen, ihn zu töten. Von diesem grundlegenden Recht werden viele andere abgeleitet. Die amerikanische Verfassung – eines der wenigen modernen politischen Dokumente, die von Männern verfaßt wurden, welche durch sehr ernste Umstände gezwungen waren, darüber nachzudenken, was sie in Wirklichkeit auf sich zu nehmen hätten, anstatt in einem Universitätshörsaal Logik zu schinden – bezeichnet »Freiheit als das Streben nach Glück«

und als natürliches Recht. Die Ausdrücke sind zu unbestimmt, um von großem praktischem Nutzen zu sein, denn das erhabene Recht zu leben, das jetzt auf das Leben der ganzen Menschheit ausgedehnt werden muß, und zwar nicht nur auf die bloße Tatsache des Atmens, sondern auch auf die Beschaffenheit des Lebens selbst, macht mit vielen veralteten Freiheiten kurzen Prozeß und brandmarkt das Streben nach Glück als die vielleicht elendeste der menschlichen Beschäftigungen. Nichtsdestoweniger gibt die amerikanische Verfassung klipp und klar den Bedingungen Ausdruck, denen die moderne Demokratie uns unterwirft. Zwei unverheirateten Menschen, welche nicht wünschen, einander zu heiraten, die Ehe aufzuzwingen, wäre zugegebenermaßen ein Akt der Versklavung. Aber es wäre nicht ärger als die erzwungene Fortsetzung der Ehe von Menschen, die aufgehört haben, die Ehe zu wünschen. Man wird sagen, daß die Beteiligten oft nicht derselben Ansicht sind, daß der eine Partner die Aufrechterhaltung der Ehe wünscht, welche der andere auflösen möchte. Aber dieselbe Härte ergibt sich jedes Mal, wenn ein verliebter Mann einen Heiratsantrag macht und abgewiesen wird. Die Abweisung trifft ihn so schmerzlich, daß er oft droht, sich umzubringen, und es manchmal sogar tut. Dennoch erwarten wir von ihm, daß er sein Unglück auf sich nehme, und es würde uns nicht im Traume einfallen, die Frau zur Annahme seines Antrages zu zwingen. Sein Fall ist der gleiche wie derjenige des Ehemannes, dessen Frau ihm sagt, daß ihr an ihm nichts mehr gelegen sei und daß sie die Ehe aufzulösen wünsche. Wer abergläubisch ist, wird vielleicht sagen, das sei nicht dasselbe – die Ehe mache einen Unterschied. Das ist falsch, es liegt keine Magie in der Ehe. Wäre dem so, so hätten Ehepaare niemals den Wunsch, sich zu trennen. Aber sie haben ihn. Und wenn sie ihn haben, so ist es ganz einfach Sklaverei, sie zum Zusammenleben zu zwingen.

Wirtschaftliche Sklaverei ist abermals die eigentliche Schwierigkeit

So wäre denn dem Ehemann erlaubt, seine Frau zu verabschieden, wenn er ihrer müde ist, und der Frau, den Mann zu entlassen, wenn ihrer Laune ein anderer Mann gefällt? Ohne Zögern müssen wir dies bestätigen, denn wenn wir jeden Vorschlag ableugnen, der von dessen Gegnern in häßlichen Ausdrücken beschrieben werden kann, so werden wir niemals imstande sein, auf überhaupt irgend etwas zu bestehen. Aber die Frage erinnert uns daran, daß wir, solange die wirtschaftliche Unabhängigkeit der Frau nicht erreicht ist, auf dem andern Horn des Dilemmas aufgespießt bleiben und die Ehe als Sklaverei aufrechterhalten müssen. Es sei mir erlaubt, der gegenwärtigen Regierung (1910) eine Frage zu stellen mit Bezug auf den Arbeitsaustausch, den sie, sehr weise, im ganzen Land eingeführt hat. Was tun diese Austauschbüros, wenn eine Frau eintritt und erklärt, ihr Beruf sei der einer Frau und Mutter, sie hätte gegenwärtig keine Stelle und suche einen Arbeitgeber? Wenn das Austauschbüro sich weigert, ihr Gesuch zu behandeln, so schließt es offensichtlich annähernd das ganze weibliche Geschlecht von der Wohltat dieses Gesetzes aus. Wenn nicht, so wird es zu einer Ehevermittlungsstelle, oder, falls es dazu bereit ist, sogar zu etwas Ärgerem, indem es die Frau als Haushälterin einträgt und sie bei einem Arbeitgeber einführt, ohne die Ehe zu einer Bedingung der Anstellung zu machen.

Nehmen wir überdies an, daß eine Frau sich beim Arbeitsaustausch vorstellt und ihr Gewerbe als dasjenige einer weißen Sklavin angibt, wobei sie das unaussprechliche Gewerbe meint, das von vielen tausend Frauen in allen zivilisierten Ländern betrieben wird. Wird der Arbeitsaustausch für sie Arbeitgeber finden? Wenn nicht, was wird er mit ihr tun? Wenn er sie mittel- und hilflos auf die Straße zurückschickt, wo sie verhungern muß, so könnte er für sie geradesogut überhaupt nicht existieren, und das Problem der Arbeitslosigkeit bliebe in seinem empfindlichsten Punkt ungelöst. Wenn er aber für sie und für alle arbeitslosen Gattinnen und Mütter eine ehrliche Anstellung finden will, so muß er in der Welt neue Stellen für Frauen schaffen und ihnen auf diese Weise die wirtschaftliche Unabhängigkeit von den Männern sichern. Und wenn es soweit ist, können wir dann überzeugt sein, daß überhaupt irgendeine Frau damit einverstanden ist, Gattin und Mutter zu werden (um die weniger ehrbare Möglichkeit unerwähnt zu lassen), wenn nicht ihre Stellung so begehrenswert gestaltet wird wie diejenige der Frauen, für welche der Arbeitsaustausch unabhängige Arbeit findet? Werden nicht viele Frauen, welche sich jetzt mit Hausarbeit befassen unter Bedingungen, die sie ihnen abstoßend macht, diese aufgeben und eine Arbeit mit anderen Bedingungen suchen? Glücklosigkeit in der Ehe ist fast das einzige Unbehagen, das unangenehm genug ist, um eine Frau zum Aufgeben ihres Heims zu bewegen; andererseits ist die wirtschaftliche Abhängigkeit der einzige Zwang, der scharf genug ist, um sie zum Ertragen eines solchen Unglücks zu bringen. Daher wird die Lösung des Problems, unabhängige Arbeit für Frauen zu finden, wahrscheinlich die spontane Auflösung einer großen Anzahl kinderloser unglücklicher Ehen zur Folge haben, ob nun die Ehegesetze geändert werden oder nicht. Und hier müssen wir den Begriff »kinderlose Ehe« so weit ausdehnen, daß er auch Familien einschließt, in welchen die Kinder groß geworden und ihre eigenen Wege gegangen sind, so daß die Eltern miteinander allein bleiben: wobei viele würdige Paare zum erstenmal entdecken, daß sie längst das Interesse aneinander verloren haben und nur durch ein gemeinsames Interesse an ihren Kindern vereint waren. Wir dürfen daher erwarten, daß Ehen, welche durch wirtschaftlichen Druck aufrechterhalten wurden, sich auflösen, wenn dieser Druck aufgehoben wird. Und da gewiß nicht alle Eheleute das Zölibat auf sich nehmen werden, so muß das Gesetz die Auflösung billigen, um einer Wiederholung des Skandales zuvorzukommen, welcher die Regierung dazu bewogen hat, eine Kommission zu ernennen, die jetzt im Begriff ist, die Ehefrage zu untersuchen: den Skandal nämlich, daß eine große Anzahl von Menschen, welche durch behördliche Trennungsbefehle zum Zölibat verurteilt wurden und sich natürlich weigern, sich der Verurteilung zu unterziehen, illegitime Verhältnisse eingehen, – und dies in einem solchen Grade, daß die Arbeiterklassen mit einer offenen Entwöhnung von der Ehe vertraut zu werden drohen. Kurz, sobald die Frauen von der wirtschaftlichen Sklaverei befreit sind, werden wir finden, daß, wenn die Scheidung nicht so leicht gemacht wird wie die Auflösung einer Geschäftspartnerschaft, es dann allgemein üblich werden wird, auf die Ehe zu verzichten, und konventionelle Paare sich schämen werden zu heiraten.

Tatsächlich bedeutet die Scheidung nicht Zerstörung der Ehe, sondern sie ist die erste Bedingung ihrer Aufrechterhaltung. Tausend unauflösliche Ehen bedeuten tausend Ehen und nicht mehr. Tausend Scheidungen können zweitausend Ehen bedeuten, denn die Paare heiraten vielleicht von neuem. Die Scheidung stellt die Paare nur neu zusammen: eine sehr wünschenswerte Sache, wenn sie schlecht zusammenpassen. Außerdem stimmen die Menschen der Ehe dann leichter zu, namentlich vorsichtige Menschen und stolze Menschen mit einem hohen Sinn für Selbstachtung. Außerdem würde die Tatsache, daß eine Scheidung möglich ist, einem Scheidungsverlangen oft zuvorkommen, nicht nur weil sich Eheleute mit Rücksicht darauf besser benehmen, sondern weil die Ehe sofort viel glücklicher würde, wenn einmal das Gefühl der Bindung nicht mehr besteht. Denn kein Zimmer macht den Eindruck eines Gefängnisses, wenn die Türe offen bleibt. Auch wäre es, wenn die Türe immer offen wäre, nicht nötig, durch sie hinauszustürzen, wie es jetzt nötig ist, wo sie sich einmal im Leben öffnet und dann vielleicht nie wieder.

Von diesem Standpunkt aus betrachtet hat England das schlechteste zivile Ehegesetz der Welt mit Ausnahme des albernen Süd-Carolina*. In jedem andern vernünftig zivilisierten Land lassen die Gründe, aus welchen eine Scheidung gewährt werden kann, eine so

---

* Eine Lockerung der Scheidungsbeschränkung erfolgte in England im Jahre 1937.

weite Auslegung zu, daß alle unglücklichen Ehen aufgelöst werden können, ohne daß man zu den schändlichen Kniffen greifen müßte, welche uns unser Gesetz auferlegt. Dennoch zeigen die Zahlen, welche der königlichen Kommission zur Verfügung gestellt wurden, daß im Staat Washington, wo es elf verschiedene Scheidungsgründe gibt und wo tatsächlich eine Scheidung auf bloßen Wunsch hin mit geringen Kosten erreicht werden kann, die Scheidungsziffer nur hundertvierundachtzig auf hunderttausend Einwohner beträgt. Wenn wir annehmen, daß die hunderttausend Einwohner zwanzigtausend Familien bilden, so bedeutet das weniger als ein Prozent häuslicher Fehlschläge. In Japan beträgt die Ziffer zweihundertfünfzehn, und das soll die höchste festgestellte Zahl sein. Dies ist nicht sehr beunruhigend; ganz entsetzlich ist es aber, daß die Ziffer in England nur zwei beträgt. Nehmen wir an, daß die menschliche Natur in Walworth nicht sehr viel anders ist als in Washington, so muß diese Zahl eine grauenhafte Menge nutzlosen Unglücks und heimlicher Polygamie bedeuten. Ich vergesse nicht meine eigenen Beweise dafür, daß die Ziffer in Washington nur durch die wirtschaftliche Sklaverei der Frauen niedrig gehalten wird. Ich muß aber darauf hinweisen, daß dieser Umstand sich am ärgsten im Mittelstande auswirkt; eine Frau der Arbeiterklasse kann davonlaufen und sich selbst, wie ärmlich auch immer, erhalten; eine Frau der höheren Gesellschaft hat gewöhnlich etwas Vermögen. Und in allen Klassen ist das Ziel vieler Scheidungen, wie wir erraten können, nicht die Wiederaufnahme des ehelosen Lebens, sondern ein Wechsel der Partner. Da dieser Wechsel unter dem bestehenden Gesetz im Staat Washington mit Leichtigkeit vorgenommen werden kann, ist es nicht sicher, daß die wirtschaftliche Verselbständigung der Frau die dortige Ziffer in aufsehenerregendem Ausmaß verändern würde. Sicher ist, daß sie die Ziffer wohl kaum auf eine Höhe treiben könnte, bei welcher der ängstlichste Bangemacher vernünftige Leute davon überzeugen könnte, daß das ganze Gesellschaftsgewebe in Fetzen zerfalle. Wenn Journalisten und Bischöfe und amerikanische Präsidenten und andere einfältige Menschen dieses Washingtoner Ergebnis als beunruhigend bezeichnen, so sprechen sie, wie ein Bauer von einem Auto oder Flugzeug spricht, wenn er zum erstenmal eines sieht. Was er eigentlich meint, ist nur, daß er es nicht gewohnt ist, und daher fürchtet, es könne ihn schädigen. Jeder Fortschritt der Zivilisation erschreckt diese braven Leutchen. Das ist schade, aber wenn wir ihre Gefühle schonen müßten, so würden wir die Welt überhaupt nie verbessern. Sich von ihnen erschrecken zu lassen und dann vorzugeben, daß ihre dumme Schüchternheit Tugend, Reinheit usw. sei, ist ganz einfach unmoralische Feigheit.

Wirtschaftliche Sklaverei der Männer und das Recht der Junggesellen

Es darf nicht vergessen werden, daß die Weigerung, die Würdelosigkeiten, Gefahren, Härten, Sentimentalitäten und die verteilten Pflichten der Ehe auf sich zu nehmen, nicht auf unsere freiwilligen alten Jungfern beschränkt ist. Es gibt Männer von der Art Beethovens und Samuel Butlers, die man sich schwerlich als Ehemänner vorstellen kann. Es gibt große kirchliche Würdenträger, welche nicht zwei Verpflichtungen eingehen können: Eine gegenüber der Kirche, die andere gegenüber dem Herde. Es gibt Männer wie Goethe, die spät und zögernd heiraten und nur aus dem Grunde, weil sie fühlen, daß sie nicht in ehrlicher Freundschaft einer Frau den Ehestand verweigern können, aus deren Zuneigung sie entweder in Wirklichkeit oder scheinbar irgendwelchen kompromittierenden Vorteil gezogen haben. Kein vernünftiger Mann kann unter den bestehenden Umständen einer Frau raten, mit einem Manne zusammenzuleben, ohne darauf zu bestehen, daß er sie heirate, es sei denn, daß sie von der konventionellen Gesellschaft unabhängig ist (und das kann nur sehr selten der Fall sein); und ein Mann von Ehre kann nicht einer Frau raten, für ihn selbst zu tun, was er ihr nicht raten könnte, für irgend jemand anders zu tun. Das Ergebnis ist, daß unsere Beethovens und Butlers – von welchen es, in ihrem gewöhnlichen menschlichen Aspekt, ziemlich viele gibt – vertrocknete alte Junggesellen werden, und dazu noch ziemlich wilde. An eine andere Schwierigkeit denken wir zwar meist im Zusammenhang mit den Frauen, aber sie ist auch auf Männer durchaus anwendbar: nämlich die wirtschaftliche. Die Zahl der Männer, die es sich nicht leisten können zu heiraten, ist groß genug, um sehr ernste soziale Ergebnisse zu zeitigen. Je höherer Art die Arbeit eines Mannes ist, desto größer ist die Wahrscheinlichkeit, daß er sich in dieser Klasse befindet, bis er das mittlere Alter erreicht oder überschritten hat. Die höheren Gebiete der Natur- und Rechtswissenschaft, der Philosophie, der Poesie und der schönen Künste sind. wie allgemein bekannt, für die Jugend und das junge Mannesalter brotlos. Das heiratsfähige Alter beträgt hier, wirtschaftlich gesprochen, eher fünfzig als zwanzig Jahre. Selbst in Handelskreisen erreichen die führenden Geister selten eine sichere Stellung, ehe sie weit jenseits des Alters sind, in welchem das Zölibat erträglich ist. Schließlich müssen wir die jüngeren Söhne der besitzenden Klassen in Rechnung ziehen, die in Haushalten aufwachsen, die das Zehnfache dessen ausgeben, was ihm als dem jüngeren Sohn einmal zustehen wird – und dennoch stellt ein solcher Lebensstandard die einzige Gewohnheit dar, die er sich aneignet. Nehmen wir nun alle diese Fälle als Vertreter der Junggesellenklasse und erinnern wir uns daran, daß ein Mann, der mit vierzig Jahren heiratet, nicht ein Junggeselle genannt wird, aber dennoch während zwanzig Jahren seines erwachsenen Lebens einer gewesen ist und daher all die sozialen Probleme hervorgebracht hat, die sich aus der Existenz unverheirateter Männer ergeben! Wir dürfen dabei vor der Frage nicht zurückschrecken, ob alle diese Herren enthaltsam sind, obschon wir wissen, daß die Frage mit großem Nachdruck verneint werden muß. Einige heiraten vermögende Frauen und sind daher wieder im Fall der wirtschaftlichen Abhängigkeit, nur sind diesmal die Geschlechter vertauscht. Aber im Vergleich mit der Zahl der Junggesellen, die es sich nicht leisten können zu heiraten, gibt es so wenig vermögende Frauen, die zu diesem Zweck erhältlich wären, daß dieser Ausweg das Problem des Junggesellen, der sich keine Frau leisten kann, nicht löst. Gäbe es keine anderen Auswege, so würden die Junggesellen mit den Frauen und Töchtern ihrer Freunde Verhältnisse eingehen. Da dies moralisch unzulässig ist, erhebt sich eine Nachfrage nach einem billigen zeitweiligen Ersatz für die Ehe. Es muß eine Klasse von Frauen gefunden werden, welche die Frauen und Töchter der Verheirateten schützen, indem sie den Junggesellen mietweise Gesellschaft leisten, so lang oder so kurz, als der Junggeselle bezahlen kann, wobei sie einverstanden sind, daß sie nach Ablauf der Miete keinen Anspruch mehr an ihn haben. Eine solche Einrichtung gibt es bei uns, wie wir wissen. Gewöhnlich spricht man davon und denkt darüber als einen Verstoß gegen unsere Ehemoral; aber alle Sachverständigen, welche wissenschaftliche Abhandlungen über die Ehe verfassen, scheinen sich einig zu sein, daß sie im Gegenteil einen notwendigen Bestandteil dieser Moral darstellt und mit ihr steht und fällt.

Ich selber glaube nicht, daß diese Ansicht einer näheren Prüfung standhält. In meinem Stück »Frau Warrens Gewerbe« habe ich gezeigt, daß die fragliche Einrichtung ein wirtschaftliches Phänomen ist, verursacht durch ungenügende Bezahlung und schlechte Behandlung von Frauen, die versuchen, sich ihr Leben ehrlich zu verdienen. Ich bin mir bewußt, daß aus irgendeinem Grunde wissenschaftliche Autoren dieser Ansicht gegenüber von einer widernatürlichen Ungeduld sind und zu deren Widerlegung aus Polizeilisten die Gründe anführen, welche die Opfer für die Ergreifung ihres Gewerbes angeben, und daß sie auf der Tatsache bestehen, daß die Armut nicht oft genug erwähnt wird. Aber das bedeutet nur, daß gerade dieses Wort selten gebraucht wird. Wenn ein Gefängnis voller Diebe befragt würde, was sie zum Stehlen verführt habe, und einige Armut, andere Hunger und dritte Sucht nach Aufregungen anführten, würde niemand leugnen, daß die drei Antworten in Wirklichkeit nur eine sind, – daß Armut Hunger bedeutet, einen unerträglichen Mangel an Abwechslung und Vergnügen und überhaupt alle möglichen Entbehrungen. Wenn ein Mädchen, in ähnlicher Weise befragt, sagt, daß sie sich schöne Kleider wünsche, oder mehr Unterhaltung oder ähnliches, so sagt sie in Wirklichkeit, daß sie entbehre, was keine Frau mit einer Menge Geld zu entbehren braucht. Der Aussage von Männern zufolge, die in solchen Dingen erfahren zu sein behaupten, durchsucht man Europa vergeblich nach einer Frau dieses Berufes, die die Tischmanieren einer Dame hat. Diese Tatsache beweist, daß die Prostitution kein Beruf, sondern eine Sklaverei ist, in welche die Frauen durch das Elend der ehrlichen Armut getrieben werden. Wenn jeder jungen Frau eine anständige und bequeme Existenzmöglichkeit unter vernünftigen Bedingungen offen stünde, so würde die Straße niemand mehr anlocken. Wenn jeder junge Mann es sich leisten könnte zu heiraten, und die Ehereform die Auflösung von Verbindungen, welche von jungen und unerfahrenen Menschen eingegangen werden, dann erleichterte, sobald sie sich nicht bewähren oder eines der beiden in eine Lage gerät, die für das andere weder bequem noch passend ist, dann werden Prostitution und Junggesellentum eines natürlichen Todes sterben. Bis dahin ist alles Gerede von »Reinigung« eitel. Aus diesem Grunde befasse ich mich hier nicht ausführlich mit der Prostitution und verweise Leser, die über die Psychopathie des Junggesellen- und Jungferntums mehr zu erfahren wünschen, auf das denkwürdige Werk meines Freundes Havelock Ellis.

Ich werde auch so wenig als möglich über die Pathologie der Ehe und den Wellenbrecher ihres Abwaschwassers sagen. Nur bin ich gezwungen, da der Abgrund öffentlicher Unwissenheit über dieses Thema bodenlos zu sein scheint, meine Leser zu warnen, daß die Ehe eine Pathologie hat, und sogar eine Kriminologie. Beide sind aber so entsetzlich, daß sie nicht nur in Abhandlungen wie denen von Havelock Ellis, Fournier, Duclaux und vielen deutschen Autoren behandelt worden sind, sondern auch in verhältnismäßig so populären Werken wie »The Heavenly Twins« von Sarah Grand und in mehreren Stücken von Brieux: vor allem in »Les Avariés«, »Les Trois Filles de M. Dupont« und »Maternité«. Ich gehe mit Absicht rasch über sie hinweg, nicht nur, weil die Aufmerksamkeit durch diese aufopfernden Autoren bereits auf sie gelenkt worden ist, sondern weil es auch nicht meine Mission ist, mich mit offensichtlichen Unnatürlichkeiten zu befassen, sondern die Augen normaler anständiger Männer für Mißstände zu öffnen, welche ihrer Betrachtung entgehen.

Was nun die Übel der Ansteckung und der Krankheiten angeht, so haben wir ein durchaus gutes Gewissen: unser Fehler besteht nur darin, daß wir die Tatsachen nicht kennen. Ohne Zweifel ist die Unwissenheit in einem Lande, wo der erste Schrei der Seele »Sagt mir nichts, ich will es nicht wissen« lautet, von fürchterlichem Ausmaß, in einem Lande, wo erregte Verneinung und wütende Unterdrückung überall Zeichen einer Feigheit und Glaubensarmut sind, welche das Leben als etwas zu Furchtbares auffaßt, als daß man ihm ins Auge sehen dürfte. In diesem besonderen Fall gibt sich das »Ich will es nicht wissen« ein rechtschaffenes Ansehen, und wird zu »Ich will überhaupt nichts wissen von Krankheiten, welche die gerechte Strafe Elender sind und weder in meiner Gegenwart noch in Büchern, welche für die Familienlektüre bestimmt sind, erwähnt werden sollten«. So schlecht und dumm der Geist dieser Haltung auch ist, so ist es doch so leicht, sie faul und anmaßend einzunehmen, da sie weitverbreitet ist. Aber ihr Aufschrei wird von einem lauteren und aufrichtigeren übertönt. Wir, die wir nichts wissen wollen, wollen auch nicht blind werden oder wahnsinnig, entstellt, unfruchtbar oder ansteckend, und wir wollen auch nicht mitansehen, wie solche Dinge unsern Kindern geschehen. Wir lernen endlich, daß die Mehrheit der Opfer nicht die Menschen sind, von denen wir so leichthin sagen: »Geschieht ihnen recht«, sondern ganz unschuldige Kinder und unschuldige Eltern, betroffen von einer Ansteckung, die, gleichgültig ob sie in irgendeinem Laster ihren Anfang nahm oder nicht, genau wie jede andere ansteckende Krankheit Schuldige und Unschuldige gleicherweise verseucht, wenn sie einmal losgelassen ist. Wir lernen sogar, daß sie oft die Unschuldigen trifft und die Schuldigen verfehlt, weil die Schuldigen die Gefahr kennen und umfassende Vorsichtsmaßnahmen dagegen treffen, während die Unschuldigen blind ins Verderben rennen, weil ihnen entweder jedes Wissen sorgfältig vorenthalten wurde oder weil man sie

glauben machte, die Ansteckung erfolge nur durch liederlichen Lebenswandel. Ist einmal diese Tatsache den
Leuten eingehämmert, so verwandelt sich ihre selbst-
gerechte Gleichgültigkeit und Unduldsamkeit bald in
lebhafte Besorgnis für sich selbst und ihre Familien.

Die Pathologie der Ehe bringt die Möglichkeit des fürchterlichsten Verbrechens mit sich, das man sich vorstellen kann: wenn nämlich der Träger einer ansteckenden Krankheit die Ansteckung einer anderen Person durch einen Akt der Vergewaltigung aufzwingt. Eine solche Handlung hätte, wenn sie sich zwischen unverheirateten Leuten abspielte, in Zeiten, an welche sich noch jetzt lebende Menschen erinnern, den Schuldigen der Todesstrafe ausgesetzt. Sie wird noch heute ohne Gnade mit der längstmöglichen Zuchthausstrafe geahndet, wenn sie, wie das manchmal der Fall ist, im grauenhaften ländlichen Aberglauben geschieht, daß sie Heilung bewirke, wenn das Opfer eine Jungfrau sei. Die Ehe macht diesen Verstoß absolut gesetzlich. Man darf der Person, mit der man verheiratet ist, ungestraft zufügen, was man dem verachtetsten Abschaum der Straße nicht zufügen darf. Und dies ist nur das übertriebenste Beispiel der Vogelfreiheit, welche die Wirkung unserer Ehegesetzgebung ist. In unserer Gier, uns ein kleines privates Elsaß zu schaffen, in welchem wir uns nach Belieben gehen lassen können, ohne Vorwurf oder Eingreifen von seiten des Gesetzes, der Religion oder selbst des Gewissens (und dies ist es, was die Ehe jetzt für die meisten von uns bedeutet), haben wir vergessen, daß wir uns niemals vor Pflichten drücken können, ohne Rechte zu verwirken. Wir haben vergessen, daß alle Gesetze, die notwendig sind, um Fremde zur Achtung uns gegenüber zu zwingen, ebenso notwendig oder noch nötiger sind, um unsere Gatten und Gattinnen zur Achtung uns gegenüber zu zwingen, und daß eine Gesellschaft ohne Gesetz, ob zwischen zwei oder zwei Millionen Menschen, Tyrannei und Sklaverei bedeutet.

Wenn die unverbesserlich sentimentalen Menschen hier ihr Gepiepse erheben: »Nicht, wenn sie einander lieben«, so sage ich ihnen mit der größtmöglichen Geduld, daß sie, hätten sie fünf Minuten Erfahrung in der Liebe gehabt, wüßten, wie die Liebe an sich eine Tyrannei ist und besondere Sicherungen erfordert. Sie wüßten, daß die Leute »um des geliebten Menschen willen« auf Forderungen und Unterwerfungen zu bestehen pflegen, die sie denen, gegen welche sie Abneigung oder Gleichgültigkeit empfinden, nicht im Traum zumuten würden und die sie sich von ihnen auch nicht gefallen ließen. Sie wüßten, daß eine gesunde Ehe eine Partnerschaft von kameradschaftlicher und von Zuneigung getragener Freundschaft ist, daß Fälle von chronischer lebenslanger Liebe, ob seelisch oder sinnlich, dem Arzt, wenn nicht dem Scharfrichter überantwortet werden sollten, und daß anständige Männer und Frauen, wenn ihre Umstände es ihnen erlauben, durchaus nicht wünschen, einander hilflos ausgeliefert zu sein, – sie benützen im Gegenteil jede Möglichkeit, welche das Gesetz jetzt zuläßt, um die elsässischen Mißstände des Ehegesetzes unschädlich zu machen, von den einschneidendsten Vereinbarungen bei der Eheschließung an bis zur Beiziehung getrennter Rechtsanwälte.

Eine Ausflucht, deren Albernheit weniger offensichtlich ist und die einen größeren Anschein von gesundem Menschenverstand erweckt, lautet: »Schließlich kommen doch die meisten Paare ganz gut miteinander aus; kommt es also so schrecklich darauf an?« Dieselbe Erwiderung könnte ein fauler Beamter geben, wenn man von ihm die Vollmacht verlangt, einen Einbrecher zu verhaften, oder ein schlaftrunkener Feuerwehrmann, den man um Mitternacht mit dem Schrei nach seiner Feuerleiter aufweckt. »Schließlich wird in die Häuser sehr weniger Leute eingebrochen, und noch weniger Häuser brennen ab. Kommt es darauf an?« Aber sagt dem Beamten oder Feuerwehrmann, es sei sein Haus, in das eingebrochen wurde, oder sein Haus, das brenne, und der Wandel in seiner Handlung wird euch überraschen. Daß eine Menge Menschen sich genug Bequemlichkeit verschafft haben, um damit zufrieden zu sein, oder wenigstens so viel, daß sie nicht mehr Unbehagen ertragen müssen, als sie um eines ruhigen Lebens willen auf sich zu nehmen bereit sind, – dies ist noch kein Grund dafür, daß weniger begünstigte, empfindlichere und gewissenhaftere Menschen dazu verurteilt sein sollten, sich unerträglichem Unrecht auszusetzen. Außerdem sollten die Menschen nicht mit dem gegenwärtigen Ehegesetz zufrieden sein, bloß weil es nicht allzuoft unerträglich unbequem wird. Sklaven fühlen sich oft körperlich und seelisch behaglicher als voll verantwortliche freie Männer. Das entschuldigt niemanden für die Annahme der Sklaverei. Zweifellos ist es von vielen Gesichtspunkten aus sehr schade, daß wir von Napoleon oder sogar von Bismarck und Moltke nicht besiegt wurden. Trotzdem wären wir mit Recht verachtet worden, wären wir nicht zum Krieg gegen sie bereit gewesen um des Rechtes willen, uns – wenn auch schlecht – selbst zu regieren.

Aber, wie gesagt, begnüge ich mich damit, in der Angelegenheit der Mißstände unseres Ehegesetzes auf die Pennys aufzupassen und die Pfunde auf sich selbst aufpassen zu lassen. Die Verbrechen und Krankheiten der Ehe werden sich der öffentlichen Aufmerksamkeit durch ihre eigene Dringlichkeit aufzwingen. Ich erwähne sie hier nur, weil sie bezeichnend sind für gewisse Gewohnheiten des Denkens und Fühlens über die Ehe, von welchen wir uns befreien müssen, wenn wir beim Anpacken der notwendigen Reformen vernünftig handeln wollen.

Vor allem haben wir die Gewohnheit, uns selbst nicht nur durch die Wahrheiten der christlichen Religion binden zu lassen, sondern auch durch die Ausschreitungen und Übertreibungen, welcher sich die christliche Bewegung in ihrer Frühzeit in heftiger Reaktion gegen das, was sie noch heute Heidentum nennt, schuldig machte. Weitaus am gefährlichsten davon ist die Auffassung, das Geschlecht sei mit allen seinen Betätigungen an sich etwas durchaus Obszönes und die unbefleckte Empfängnis sei ein Wunder. Dies ist eine Blasphemie gegen das Leben und, um es in christlichen Ausdrücken zu sagen, eine Anklage gegen Gott wegen Unanständigkeit. Ein so ungesunder Widersinn konnte sich nur unter zwei Bedingungen behaupten, erstens: in einer Reaktion gegen eine Gesellschaft, in welcher der sinnliche Luxus zu abstoßenden Extremen gediehen war, und zweitens: in einem Glauben, daß die Welt sich ihrem Ende nähere und das Geschlecht deshalb keine Notwendigkeit mehr darstelle. Weil es unter diesen Bedingungen begann, erhob das Christentum die Geschlechtslosigkeit und den Kommunismus zu den zwei praktischen Hauptpunkten seiner Propaganda, und es hat sein ursprüngliches Vorurteil in diesen Punkten niemals ganz verloren. Die Wiederkunft Christi wurde zwar von der Lebenszeit der Apostel auf das Millennium verschoben, und die Enttäuschung im Jahre Tausend nach Christus, in welchem sich eine große Anzahl von Christen ernsthaft auf den Weltuntergang vorbereiteten, war groß. Trotzdem ist der Prophet, der das Bevorstehen des Endes ankündigt, noch immer populär. Viele, die sich über seine Demonstrationen, daß die phantastischen Ungeheuer der Apokalypse in der Person unserer eigenen politischen Zeitgenossen unter uns leben, lustig machen und die in allen ihren Angelegenheiten vernünftig vorgehen in der Annahme, daß die Welt bestehen bleibt, glauben wirklich, daß es einen Tag des Jüngsten Gerichts geben wird und daß er sogar in ihre eigene Lebenszeit fallen *könnte*. Ein Gewitter, eine Sonnenfinsternis oder irgendein sehr ungewöhnliches Wetter erregt ihre gespannte und unbehagliche Erwartung. Dies ist die Erklärung dafür, daß sich die christliche Kirche lange weigerte, mit der Ehe anzubinden. Das Ergebnis war nicht die Abschaffung des Geschlechtes, sondern dessen Exkommunikation. Natürlich waren die Folgen davon, daß man den Leuten gepredigt hatte, die Ehe sei ein unheiliger Zustand, so kraß und fleischlich, daß die Kirche ihren Standpunkt ins Gegenteil ändern und versuchen mußte, den Leuten beizubringen, daß sie ein heiliger Stand sei, so heilig sogar, daß der Eintritt in diesen Stand ohne den Segen der Kirche nicht gültig sein könne. Und mit dieser Lehre trug sie zur Sühne ihrer früheren Blasphemie bei. Wenn man aber eine Lehre flickt und ändert, damit sie bald diesem, bald jenem Notfall gerecht werde, anstatt sie dem ganzen Lebensplan angepaßt zu erhalten, so ist das schädliche Ergebnis, daß man, um einem halben Dutzend verschiedner Notfälle gerecht zu werden, schließlich ein halbes Dutzend einander widersprechender Lehren hat. Die Kirche feierte und heiligte die Ehe, ohne überhaupt jemals ihre ursprüngliche paulinische Lehre über dieses Thema aufzugeben. Und sie geriet bald in neue Verwirrung. Zu dem Zeitpunkt, da sie die Ehe aufgriff und zu heiligen versuchte, war die Ehe wie noch heute weitgehend eine lebendig gebliebene Form des Brauches, Frauen an Männer zu verkaufen. Nun wird aber bei jedem Handel ein deutlicher Preisunterschied zwischen einem neuen Artikel und einem gebrauchten gemacht. Sobald wir diesem Wertunterschied bei menschlichen Wesen begegnen, dürften wir wissen, daß wir uns auf dem Sklavenmarkt befinden, wo unsere Beziehungen zu den verkauften Personen weder auf religiöser, noch auf natürlicher, noch auf menschlicher, noch auf übermenschlicher, sondern ganz einfach auf kaufmännischer Grundlage beruhen. Als die Kirche der Ehe ihren Segen gab, erkannte sie in ihrer Unschuld nicht die Tragweite dieser kaufmännischen Überlieferungen. Folgerichtig versuchte sie, auch diese zu heiligen, und das mit grotesken Ergebnissen. Weil der Sklavenhändler für Jungfräulichkeit immer einen höheren Preis gefordert hatte, hielt ihn die Kirche, statt in ihm den Geldwechsler zu entdecken und aus dem Tempel zu vertreiben, für einen sentimentalen und ritterlichen Liebhaber und verlieh der Jungfräulichkeit, unterstützt durch die nur halb abgeschaffte Lehre vom Zölibat, einen himmlischen Wert, deren kaufmännische Ansprüche somit veredelnd. Kurz und gut, der immer mächtige Mammon steckte die Kirche in seine Tasche und hat sie heute noch darin, wenn auch gelegentlich Heilige und Märtyrer es fertigbringen, Kopf und Seele frei zu bekommen, um gegen ihn zu zeugen.

Aber der Mammon übertraf sich selbst, als er versuchte, seine Lehre über den unveräußerlichen Besitz der Kirche in der Verkleidung der unauflöslichen Ehe aufzuzwingen. Denn die Kirche versuchte, dieser unmenschlichen Lehre, diesem glatten Widerspruch gegen das Evangelium Zuflucht zu gewähren, indem sie für die Ehe den Anspruch eines Sakramentes erhob. Und mit Recht, denn sie ist ein Sakrament. Aber gerade das macht die Scheidung zur Pflicht, wenn die Ehe die innerliche und geistige Anmut verloren hat, deren äußerliches und sichtbares Zeichen die Trauungszeremonie ist. Vergeblich lassen sich Bischöfe dazu herab, die Argumente aufzulesen, welche die Atheisten bereits vor fünfzig Jahren fallengelassen haben, und führen an, daß die Worte Jesu in einem verschollenen aramäischen Dialekt gesprochen worden waren und daher wahrscheinlich mißverstanden wurden. – Dies geschah im Glauben, Jesus könne nicht gesagt haben, was ein Bischof mißbilligen würde. Sie sind aber nicht bereit hinzuzufügen, daß die Behauptung, nach welcher diejenigen, die das Sakrament mit ihren Lippen, aber nicht im Herzen empfangen, ihre eigene Verdammnis essen und trinken, ebenfalls eine Mißdeutung des aramäischen Urtextes ist. Daher sind sie feierlich verpflichtet, die Ehe vor der Entweihung zu schützen, indem sie nicht nur die Scheidung erlauben, sondern sie sogar in gewissen Fällen als obligatorisch erklären, wie es die Chinesen tun.

Als im sechzehnten Jahrhundert der geistige Aufstand

ausbrach und die Kirche in mehreren Ländern reformiert wurde, war die Reformation so weitgehend eine Revolte gegen das Priestertum, daß die Ehe beinahe wieder exkommuniziert wurde. Unsere moderne Zivilehe, um welche so viele scharfe Kämpfe und politische Auseinandersetzungen gewütet haben, wäre von Calvin gründlich gebilligt und von Luther mit Erleichterung begrüßt worden. Aber die instinktsichere Lehre, daß im Geschlecht etwas Heiliges und Mystisches liege – eine Lehre, welche viele von uns heutzutage leicht von jeder priesterlichen Zeremonie ablösen können, welcher aber in jenen Tagen allen, die so empfanden, eine rituelle Bestätigung zu benötigen schien –, konnte nicht zusammen mit dem Ablaßhandel und ähnlichem auf den Kehrichthaufen geworfen werden. So beließ die Reformation die Ehe als das, was sie war: eine seltsame Mischung von geschlechtlichem Sklavenhandel, frühchristlichem Abscheu vor dem Geschlecht und späterer christlicher Heiligung des Geschlechts.

Wie stark das Gefühl war, daß der Gatte oder die Gattin ein Besitztum sei, das, einmal gebraucht, sehr entwertet sei und von einer anderen Person als dem Besitzer weder benützt noch berührt werden dürfe, kann aus Shakespeare ersehen werden. Seine leidenschaftlichsten Liebhaber sind Antonius und Othello; beide verraten ihren kaufmännischen Besitzinstinkt, sobald sie die Beherrschung verlieren. »Ich fand Euch«, wirft Antonius Kleopatra vor, »einen kaltgewordnen Bissen auf Cäsars Teller.« Othellos furchtbarste Qual ist der Gedanke, »daß ein Winkel im geliebten Wesen für andre sei«. Aber so fühlt ein Mann nicht für das, was er liebt, sondern für das, was er besitzt. Ich verstand niemals ganz die volle Bedeutung von Othellos Ausbruch, bis ich eines Tages eine Dame im Verlauf einer privaten Diskussion über die Möglichkeit, die »Gruppenehe« durchzuführen, mit kaltem Ekel sagen hörte, sie würde einer anderen Frau ihren Mann ebensowenig leihen wie ihre Zahnbürste. Das Gefühl beleidigter Männlichkeit, mit dem ich mich selber und alle Gatten so auf den Rang eines Toilettenartikel herabgesetzt sah, gab mir eine sehr unerquickliche Vorstellung davon, was Desdemona gefühlt hätte, hätte sie Othellos Ausbruch zufällig gehört. Ich war so erschlagen, daß ich nicht die Geistesgegenwart hatte, die Dame zu fragen, ob sie auch darauf bestehe, den Arzt, die Krankenschwester, den Zahnarzt und selbst den Priester und den Rechtsanwalt ebenso ganz für sich allein zu haben. Aber ich hatte zu oft Männer von

Frauen sprechen hören, als wären sie bloße persönliche Bequemlichkeiten, um überrascht zu sein, daß die Frauen der gleichen, höchstens noch heiklereren Ansicht sind. Alle diese Ansichten müssen wir aufgeben, ehe wir eine gesunde öffentliche Meinung über das Thema des Geschlechts (von welcher es abhängt, ob wir eine gesunde Bevölkerung haben) und daher auch über die Ehe haben können. Solange das Thema als ungehörig und sündig betrachtet wird, werden wir keinen systematischen Unterricht in Sexualhygiene haben, weil man glauben wird, ein solcher Unterricht, wie er jetzt in Deutschland, Frankreich und selbst in dem prüden Amerika (wo die große Miltonische Tradition in dieser Angelegenheit noch lebt) gegeben wird, verderbe die jugendliche Unschuld. Diese lebt aber jetzt von häßlichen Geschichten und Überlieferungen, die von Generation zu Generation von Schulkindern weitergeflüstert werden: Geschichten und Überlieferungen, die nichts Geschlechtliches unaufgedeckt lassen außer seiner Würde, seiner Ehre, seiner Heiligkeit, seinem Rang als erstes Bedürfnis der Gesellschaft und erste Sorge der Nation. Wir werden weiterhin den weißen Sklavenhandel aufrechterhalten und seine Nutznießer schützen, indem wir einerseits die weiße Sklavin als notwendigen Wellenbrecher der Ehe dulden, andererseits auf ihr herumtrampeln und sie erniedrigen, bis sie von unseren Gerichtshöfen nichts mehr zu hoffen hat. So wird diese Sklavin, während Polizisten an jeder Ecke stehen und das Gesetz in ganz Europa triumphiert, noch immer von einem Ende der zivilisierten Welt zum andern geschmuggelt und wie Vieh getrieben, betrogen, geschlagen, tyrannisiert und zu einer ekelhaften Überarbeitung auf die Straße gejagt, ohne daß sie es wagen dürfte, den Hilfeschrei auszustoßen, der ihr nicht Rettung, sondern Schmach und Schande brächte. Dennoch rächt sie sich schließlich furchtbar, indem sie unter uns Blindheit und Unfruchtbarkeit, Schmerz und Entstellung, Wahnsinn und Tod ausstreut, in der Gewißheit, daß wir viel zu fromm und zartfühlend sind, um solche Dinge in der Absicht zu erwähnen, sie oder uns selbst vor ihnen zu schützen. Und die ganze Zeit über werden wir ihr Gewerbe voll Begeisterung mit jeder Verlockung bedenken, welche die Kunst des Romanschreibers, des Dramatikers, des Tänzers, der Modistin, des Malers, des Bühnenbeleuchters und des sentimentalen Dichters ersinnen kann. Schließlich aber werden wir noch immer äußerst abgestoßen und überrascht sein, wenn sich der Aufschrei des Jünglings, der jungen Gattin, der Mutter, der angesteckten Krankenschwester und all der anderen direkten und indirekten Opfer erhebt mit seinem ewigen Refrain: »Warum hat mich niemand gewarnt?«

Ich darf nicht leichthin antworten: »Stellt sie alle unter behördliche Vormundschaft«, und doch würde das genügen, um jeden vernünftig denkenden Menschen auf die Spur der Antwort zu führen. Wie man die Leute manchmal diese Frage stellen hört, könnte man glauben, nicht nur mache es die Ehe unmöglich, daß diese Schwierigkeit überhaupt je entsteht, sondern nichts als die Scheidung könne sie überhaupt verursachen. Es ist wahr, daß, wenn man die Eltern trennt, die Kinder untergebracht werden müssen. Wenn man aber die Eltern hängt oder ins Gefängnis steckt oder die Kinder der Aufsicht der Eltern entzieht, weil diese Shelleys Ansichten hegen, oder wenn die Eltern sterben, so ergibt sich dieselbe Schwierigkeit.

Solche Dinge sind immer wieder geschehen, und wir haben eine Menge Erfahrung in Scheidungsdekreten und Trennungsverfügungen. Daher lohnt es sich kaum, über den Versuch, die Kinder als Argument gegen die Scheidung zu verwenden, zu streiten. Wir werden mit den Kindern genau so verfahren, wie wenn ihr Heim durch irgendeine andere Ursache zerstört wäre. In einer Hinsicht stellen die Kinder der Scheidung ein wahres Hindernis entgegen: sie verschaffen den Eltern ein gemeinsames Interesse, welches viele Paare zusammenhält, die sich, wären sie kinderlos, trennen würden. Das Ehegesetz kennt einen Überfluß an solchen Fällen. Dies zeigt sich in der Tatsache, daß die kinderlosen Scheidungen weitaus zahlreicher sind als die Scheidungen aus allen anderen Gründen. Man darf andererseits aber nicht vergessen, daß das Interesse der Kinder eines der mächtigsten Argumente *für* die Scheidung liefert. Ein unglücklicher Haushalt ist eine schlechte Kinderstube. Es läßt sich manches zugunsten eines Haushaltes sagen, der mehrere Männer oder mehrere Frauen hat, wenn er als Schule für die Kinder betrachtet werden soll: Kinder leiden nämlich wirklich darunter, daß sie nicht genug Eltern haben; deshalb bekommen ihnen Onkel und Tanten und Privatlehrer und Gouvernanten oft so gut. Aber gerade den polygamen Haushalt läßt unser Ehegesetz auseinanderbrechen. Außerdem ist er, wie wir gesehen haben, als typische Einrichtung in einem demokratischen Land, wo sich die beiden Geschlechter zahlenmäßig die Waage halten, undenkbar. Daher fällt Vielweiberei und Vielmännerei als Mittel zur Erziehung der Kinder weg und mit ihnen, glaube ich, die von Gladstone und anderen vertretene Auffassung, daß eine Ausdehnung der Scheidung zwar viele neue Gründe dafür zulassen, den Ehebruch jedoch ausschließen könnte. Immerhin machen viele Dinge manche unserer häuslichen Inneneinrichtungen zu kleinen Privathöllen für die Kinder (besonders, wenn sich die Kinder darin ganz wohl fühlen). Diese würden jeden intelligenten Staat berechtigen, das Heim aufzulösen und die Aufsicht über die Kinder entweder demjenigen von den Eltern zu geben, dessen Gewissen sich gegen die Verderbnis der Kinder aufgelehnt hat, oder keinem.

Dies führt uns dahin, daß die Scheidung nicht länger auf Fälle beschränkt werden sollte, in denen eine der beiden Parteien sie verlangt. Denkt man sich ein von

Grund auf schurkisches Paar, das sich sein Leben mit schändlichen Mitteln verdient und seine Kinder zu diesem Gewerbe erzieht, so könnte der Staatsanwalt sich ins Mittel legen und diese Kinder von ihren Eltern trennen, anstatt wie bis jetzt sein durchaus schädliches Amt auszuüben, indem er Ehepaaren durch den Beweis, daß sie sie beide wünschen, die Scheidung verunmöglicht. Wenn heutzutage die Königin selbst ein unglückliches Kind aus Erniedrigung und Elend rettete und es in einem ehrbaren Heim unterbrächte, und wenn dann irgendein unaussprechliches Schurkenpaar auf das Kind Anspruch erhöbe und bewiese, daß sie dessen Vater und Mutter seien, so würde ihnen das Kind im Namen der Heiligkeit des Heimes und der Elternschaft ausgeliefert. Wäre dieses Verbrechen durchgesetzt worden, so würde das Gesetz mit größter Ruhe einen Erziehungsbeamten schicken, der das Kind täglich mehrere Stunden aus den Händen der Eltern nähme im noch heiligeren Namen der obligatorischen Erziehung. (In Wirklichkeit geschähe es natürlich so, daß das Paar die Königin erpressen würde, ehe es seine Zustimmung zur Rettung des Kindes gäbe; es sei denn, der Wink eines Polizeiinspektors überzeugte sie davon, daß schlechte Charaktere sich nicht immer auf pedantisch verfassungstreue Behandlung verlassen können, wenn sie mit Personen von hoher Stellung in Konflikt geraten.)

In Wahrheit muß nicht nur das Band zwischen Mann und Frau einer vernünftigen Betrachtung unterworfen werden, wenn es um das Wohlergehen der beiden Beteiligten und der Gemeinschaft geht, sondern überhaupt die ganzen Familienbande. Die Theorie, daß die Frau Eigentum des Mannes sei oder der Mann Eigentum der Frau, ist nicht ein bißchen weniger abstoßend und verderblich als die Theorie, daß das Kind Eigentum der Eltern sei. Die elterliche Bindung wird denselben Weg gehen wie die eheliche; tatsächlich sollte die Reform damit ihren Anfang nehmen, denn die Hilflosigkeit der Kinder hat den Staat bereits gezwungen, zwischen Eltern und Kind öfters einzugreifen als zwischen Mann und Frau. Zahlt man im Jahr weniger als vierzig Pfund Miete, so wird man sich manchmal versucht fühlen, zum Impfungsbeamten, zum Schularzt und zum Sanitätsinspektor zu sagen: »Gehört dieses Kind mir oder Ihnen?« Die Antwort darauf ist, daß das Kind ein wesentlicher Bestandteil der Nation sei und die Nation es sich daher nicht leisten könne, es dem unverantwortlichen Gutdünken eines Individuums oder eines Paares als ein bloßes Paketchen privaten Besitzes zu überlassen. Das einzige stichhaltige Argument, das die Eltern vorbringen können, lautet, daß der Staat trotz seinem imponierenden Namen schließlich und endlich mit dem Kind nichts anderes anfangen kann, als es in die Hut irgendeines Menschen zu geben; die Eltern seien aber keine schlechteren Wärter als Fremde. Diese Behauptung mag zwar Menschen, die glauben, nur Eltern verdürben ihre Kinder, im ersten Augenblick sehr fragwürdig erscheinen. Wer aber einsieht, daß Kinder durch Strenge und Kälte ebensooft verdorben werden wie durch Nachsicht und daß die Auffassung, natürliche Eltern taugten schlechter als adoptierte, wahrscheinlich ebensosehr eine Illusion ist wie die Meinung, sie taugten besser, wird es nicht für sehr wahrscheinlich halten, daß der Staat häufiger Kinder von ihren Eltern trennen würde, als dies jetzt geschieht. Im Gegenteil, es ist sogar wahrscheinlich, daß das gegenwärtige System, Kinder ihren Eltern zu entziehen und die elterlichen Pflichten durch Behörden ausüben zu lassen, einem andern System weichen wird, sobald Armut und Unwissenheit zur Ausnahme statt zur Regel geworden sind. Dieses neue System wird ganz einfach gewisse Ergebnisse verlangen, beginnend mit dem Gewicht des Kindes und aufhörend vielleicht mit irgendeiner Art von praktischem Examen, wobei es Eltern und Kindern überlassen bleibt, die Ergenisse so gut wie möglich zu erreichen. Eine solche Freiheit ist natürlich in unseren gegenwärtigen, von Armut heimgesuchten Umständen unmöglich. Solange der Großteil unseres Volkes zu arm ist, um gute Eltern oder sonst irgend etwas Gutes zu sein außer lasttragenden Tieren, ist es nutzlos, von ihnen viel mehr als Holzhauen und Wassertragen zu verlangen. Was immer getan wird, muß *für* sie getan werden, meistens von Leuten, deren Überlegenheit leider bloß technischer Art ist. Ehe wir die Armut nicht abgeschafft haben, ist es unmöglich, vernünftige Maßnahmen irgendwelcher Beschaffenheit weitgehend durchzuführen: der Wolf an der Türe wird uns zwingen, im Belagerungszustand zu leben und alles durch ein bürokratisches Kriegsgesetz zu erzwingen, welches in einer blühenden Gemeinschaft ganz unnötig und sogar unerträglich wäre. Wie immer wir die Frage aber lösen, müssen wir von den Eltern verlangen, daß sie sich über ihre Fähigkeit, das Kind zu betreuen, genau so ausweisen, wie ein Fremder es tun müßte. Wenn eine Familie den Sinn der Familie nicht erfüllt, so sollte sie aufgelöst werden, wie eine Ehe aufgelöst werden sollte, wenn sie ihren Sinn nicht erfüllt. Wir müssen die Auffassung fallenlassen, daß es etwas Magisches und Unverletzliches in den gesetzlichen Beziehungen der Häuslichkeit gebe oder jemals geben könne, und wir müssen uns von der merkwürdigen Begriffsverwirrung freimachen, die einige von unseren Bischöfen sich einbilden läßt, daß in der Wendung »Was Gott zusammengefügt hat, soll der Mensch nicht trennen« das Wort »Gott« den Standesbeamten oder Hochwürden John Smith oder William Jones bedeute. Die Möglichkeit, unerwünschte Familien aufzulösen, ist für die Erhaltung der Familie ebenso unerläßlich, wie die Möglichkeit, unerwünschte Ehen aufzulösen, es für die Erhaltung der Ehe ist. Werden aber unsere Familiengesetze so unmenschlich ausgeübt, daß sie schließlich eine wütende allgemeine Auflehnung hervorrufen, wie sie jetzt schon viele private Aufstände hervorgerufen haben, so werden wir in einem sehr wörtlichen Sinne das Kind mit dem Bade ausschütten: indem nämlich eine Einrichtung abgeschafft würde, die nichts als eine wenig offensichtliche und leichte Rationalisierung benötigt, um nicht nur harmlos, sondern sogar bequem, anständig und nützlich zu werden.

Man soll sich nicht einbilden, daß den Mißständen der unauflöslichen Ehe durch Scheidungsgesetze abgeholfen werden könne, wenn sie nach unserer gegenwärtigen Gewohnheit durchgeführt werden. Die billigste, unverteidigte Scheidung kostet, selbst wenn sie von einem Anwalt um der Sache willen und aus Menschlichkeit übernommen wird, wenigstens dreißig Pfund à fonds perdu. Für einen zahlenden Kunden kostet sie ungefähr das Dreifache. Solange die Scheidung nicht so wohlfeil ist wie die Heirat, wird die Ehe unauflöslich bleiben für alle außer der Handvoll Menschen, für welche hundert Pfund im Bereich des Möglichen liegen. Für die überwältigende Mehrheit gibt es in diesem Punkt keinen Unterschied zwischen hundert und einer Milliarde. Scheidung ist das einzige, worum man nicht in forma pauperis prozessieren darf.

Man erlaube mir also, folgendes zu empfehlen:

1. Die Scheidung sei so leicht, so wohlfeil und so Privatsache wie die Ehe.

2. Die Scheidung werde auf Verlangen einer der beiden Parteien gewährt, gleichgültig ob die andere einverstanden ist; und kein anderer Grund soll zugelassen werden als eben dieses Verlangen, welches ohne Erklärungen vorgebracht werden soll.

3. Die Macht, eine Ehe wegen schlechten Benehmens aufzulösen, sei auf den Staat beschränkt. Dieser handelt auf Verlangen des Staatsanwaltes oder eines anderen geeigneten Beamten, der jedoch auch in gewöhnlichen Scheidungsfällen auf Verlangen von

einer der beiden Parteien zum Eingreifen veranlaßt werden kann. Dies jedoch nicht, um die Scheidung zu verhindern, sondern um die Leistung von Unterhaltgeldern zu erzwingen, wenn eine Weigerung vorliegt und der Fall derart beschaffen scheint, daß sie unerläßlich ist.

4. Die Ehe darf nicht mehr wie bis jetzt als Strafe angewandt werden. Mann und Frau sollen ins Zuchthaus gesteckt werden, wenn ihr Betragen zu Strafe Anlaß gibt, aber sie sollen nicht in ein dauerndes eheliches Zusammenleben zurückgeschickt werden.

5. Hält man andererseits ein Paar für vollkommen unschuldig und seine Lebensführung für tadellos, so zwinge man sie ebenfalls nicht gegen ihren Willen zu dauerndem ehelichem Zusammenleben. Die Beurteilung dessen, was man für Unschuld auf beiden Seiten hält, soll dieselbe sein wie die Beurteilung dessen, was man für beiderseitige Schuld hält.

6. Die Arbeit der Frau und Mutter werde nach demselben Grundsatz wie jede andere Arbeit behandelt, das heißt als Arbeit, die ihren Lohn wert ist. Gegen Arbeitslosigkeit auf diesem Gebiet sollen dieselben Vorkehrungen getroffen werden wie gegen Arbeitslosigkeit im Schiffbau oder irgendeinem anderen anerkannten Gewerbe.

7. Man befasse sich mit allen Folgen dieser Gesetzgebung, statt sich durch die Furcht vor den Folgen über alle Vernunft und allen gesunden Menschenverstand hinaus erschrecken zu lassen. Wir müssen schließlich unsere Einrichtungen der menschlichen

Natur anpassen. Unsere gegenwärtige Gewohnheit, die Natur in eine Form bestehender Mißbräuche, korrupter Interessen und abergläubischer Auffassungen pressen zu wollen, schafft auf die Dauer die explosiven Kräfte, die eine Zivilisation zerstören.

8. Es soll nie vergessen werden, daß man, wenn man das Gesetz den Richtern und die Religion den Bischöfen überläßt, bald ohne Gesetz und ohne Religion dasteht. Wer dies bezweifelt, frage irgendeinen anständigen Richter oder Bischof, er frage aber *nicht* jemand, der nicht weiß, was ein Richter oder was ein Bischof, was das Gesetz oder was Religion ist. Mit anderen Worten, man frage nicht die Zeitungen. Die Journalisten werden in England zu armselig bezahlt, als daß sie etwas wissen könnten, was wert wäre, veröffentlicht zu werden.

Zusammenfassend: Um die sexuellen Beziehungen zwischen Männern und Frauen anständig und ehrenhaft zu gestalten, werden wir uns an die Lösung des Problems der Arbeitslosigkeit halten müssen; das heißt wahrscheinlich an die Grundsätze, die im Minoritätenrapport der königlichen Kommission über das Armengesetz niedergelegt sind: wonach nämlich die Frauen wirtschaftlich unabhängig gemacht werden müssen von den Männern und (bei den jüngeren Söhnen der oberen Klassen) die Männer wirtschaftlich unabhängig von den Frauen. Wir werden auch die übrige protestantische Zivilisation einholen müssen, indem wir Möglichkeiten schaffen, alle unglücklichen, ungehörigen und unpassenden Ehen aufzulösen. Es ist unsere vorsichtige Gewohnheit, hinter der übrigen Welt nachzuhinken, um zu sehen, wie sich ihre Reform-Experimente bewähren, ehe wir selber etwas wagen, um uns dann ihre Erfahrung zunutze zu machen und sie zu überflügeln. Wir sollten daher einsehen, daß das alte System, Scheidungsgründe zu bezeichnen – wie Ehebruch, Grausamkeit, Trunksucht, Verbrechen, Wahnsinn, Vagabundentum, mangelnde Sorge für Frau und Kinder, böswilliges Verlassen, öffentliche Schande, gewalttätige Veranlagung, Angehörigkeit zu verschiedenen Religionen, ansteckende Krankheit, Anstößigkeit, Unwürdigkeit, persönlicher Mißbrauch, »seelische Angstzustände«, eine Lebensführung, die das Leben zur Bürde macht, – falsch ist (alle diese Beispiele sind gegenwärtig tatsächlich in Kraft stehenden

Gesetzbüchern entnommen). Denn die einzige Wirkung des Zwanges, auf schlechte Lebensführung zu klagen und sie zu beweisen, besteht darin, daß Fälle zurechtgeschustert werden und saubere Wäsche zur großen Verzweiflung unschuldiger Kinder und Verwandter mit Absicht beschmutzt und öffentlich gewaschen wird. Gleichzeitig müssen die Gründe so allgemein gehalten werden, daß jede Art von menschlicher Lebensführung unter sie gebracht werden kann, wenn die Anklage halbwegs geschickt vorgebracht wird und die vereidigten Zeugen einen kleinen inneren Vorbehalt machen. Wenn es zu »einer Lebensführung kommt, die das Leben zu einer Bürde macht«, so ist es klar, daß keine Ehe mehr unauflöslich ist. Das Vernünftigste, was man dann tun kann, ist, die Scheidung zu gewähren, wann immer sie gewünscht wird, und ohne zu fragen, warum.

Zeittafel

1856	am 26. Juli in Dublin geboren
1871–1876	Büroangestellter bei einem Grundstücksmakler. Übersiedlung nach London, schlägt sich als kaufmännischer Angestellter, Klavierspieler und Journalist durch
1880–1883	Entstehung der Romane »The Irrational Knot« (Die törichte Heirat), »Love Among the Artists« (Künstlerliebe), »An Unsocial Socialist« (Der Amateursozialist)
1885–1894	Buchrezensionen, Kunst- und Musikkritiken
1891	»The Quintessence of Ibsenism«
1892	Uraufführung seines ersten Stückes »Widowers House« (Die Häuser des Herrn Sartorius) in London
1894	»Mrs. Warren's Profession« (Frau Warrens Gewerbe), »Arms and the Man« (Der Schlachtenlenker), »Candida«. Shaw wird Mitglied der sozialistischen Fabian Society, wird zu einem ihrer Führer
1897	»The Devil's Disciple« (Der Teufelsschüler). Uraufführung in New York
1898	»Caesar and Cleopatra«, »Capitain Brassbound's Conversion« (Kapitän Brassbounds Bekehrung), »The Perfect Wagnerite« (Ein Wagner-Brevier)
1901–1903	»Man and Superman« (Mensch und Übermensch)
1904	»John Bull's Other Island« (John Bulls andere Insel)
1905	»Major Barbara«
1906	»The Doctor's Dilemma« (Der Arzt am Scheideweg)
1911–1915	»Androcles and the Lion« (Androklus und der Löwe), »Pygmalion«, beide Stücke werden in deutscher Übersetzung uraufgeführt in Berlin bzw. Wien; Shaw wird Mitglied des akademischen Komitees der Royal Society of Literature
1913–1919	»Heartbreak House« (Haus Herzenstod)
1917	Reise nach Frankreich
1918–1920	»Back to Methuselah« (Zurück zu Methusalem)
1923	»Saint Joan« (Die heilige Johanna)
1926	Nobelpreis für Literatur
1928	»The Intelligent Woman's Guide to Socialism and Capitalism« (Wegweiser für die intelligente Frau zum Sozialismus und Kapitalismus)

Vorreden zu den Stücken. Band I. Deutsch von Siegfried Trebitsch. Vorwort von Peter Suhrkamp. 1952
Klassische Stücke. Sonderausgabe zum 25. Todestag. 1975

Bibliothek Suhrkamp
Helden. Aus dem Englischen von Wolfgang Hildesheimer. 1970. Band 42
Pygmalion. Aus dem Englischen von Harald Müller. 1970. Band 66
Sechzehn selbstbiographische Skizzen. Aus dem Englischen von Siegfried Trebitsch, 1971. Band 86
Haus Herzenstod. Aus dem Englischen von Hans Günter Michelsen. 1971. Band 108
Mensch und Übermensch. Aus dem Englischen von Annemarie und Heinrich Böll. 1972. Band 129
Vorwort für Politiker. 1965. Band 154. Deutsch von Siegfried Trebitsch
Die heilige Johanna. Dramatische Chronik in 6 Szenen und einem Epilog. Deutsch von Wolfgang Hildesheimer. Mit Shaws ausführlicher Vorrede. 1971. Band 295
Handbuch des Revolutionärs. Aus dem Englischen von Annemarie und Heinrich Böll. 1972. Band 309
Ein ›Wagnerbrevier‹. Kommentar zum Ring des Nibelungen. Aus dem Englischen von Christian Grote. Vorwort von Joachim Kaiser. 1973. Band 337
Der Kaiser von Amerika. Eine politische Extravaganz. Deutsch von Annemarie und Heinrich Böll. 1973. Band 359

edition suhrkamp
Cäsar und Cleopatra. Deutsch von Annemarie und Heinrich Böll. 1965. Band 102

suhrkamp taschenbücher
Die Aussichten des Christentums. Deutsch von Siegfried Trebitsch. 1974. Band 18
Der Sozialismus und die Natur des Menschen. Reden und Aufsätze aus den Jahren 1884–1918. Aus dem Englischen von Ursula Michels-Wenz. 1973. Band 121

Alphabetisches Gesamtverzeichnis der suhrkamp taschenbücher